AF452054

RÉPONSES

AUX

CENT QUESTIONS D'HISTOIRE

DU PROGRAMME

DU BACCALAURÉAT ÈS-LETTRES.

RÉPONSES

AUX
CENT QUESTIONS D'HISTOIRE

DU PROGRAMME

DU BACCALAURÉAT ÈS-LETTRES,

PUBLIÉ

PAR LA FACULTÉ DES LETTRES DE MONTPELLIER,

Exigible en 1841

PAR

L. d'HORBOURG,

Directeur de l'École primaire supérieure de Montpellier.

BIBLIOTHÈQUE ROY...

Montpellier,

IMPRIMERIE DE BOEHM ET Cⁱᵉ, IMPRIMEURS – ÉDITEURS.

1839.

A LA MÉMOIRE DE MA MÈRE.

Souvenir de reconnaissance éternelle !

A MONSIEUR

Bros de Pucchredon,

ANCIEN OFFICIER SUPÉRIEUR DE MARINE.

Comme un témoignage de sincère attachement.

L. D'HORBOURG.

AVANT-PROPOS.

Quelques personnes, et notamment M. Bros (1), m'ont engagé à rédiger les *Questions d'Histoire* du Programme publié par la Faculté des Lettres de Montpellier. J'ai accédé avec plaisir à leur proposition. Une idée de reconnaissance filiale venait se joindre à celle d'être utile à la jeunesse : c'est à ma mère que je dois le peu de connaissances historiques que je possède : elle fut ma première institutrice dans cette partie si intéressante de mes travaux (2).

Les questions auxquelles doivent répondre les candidats au Baccalauréat, présentent un champ immense : c'est le Programme complet envoyé par le Ministre de l'instruction publique, pour l'enseignement de l'Histoire dans les Colléges.

Parmi les jeunes gens qui ont à subir l'épreuve justement imposée par l'Université, pour pouvoir embrasser une profession libérale, un grand nombre ont négligé l'étude de l'Histoire ; quelques-uns ont oublié une partie de ce qu'ils ont appris autrefois ; et, au moment d'un examen, il leur devient difficile de rappeler à leur mémoire des événemens qui ont demandé cinq années d'études.

J'ai cherché à vaincre les difficultés qu'ils éprouvaient. Je suis loin d'avoir la prétention de présenter un travail complet; c'est un *Résumé* bien succinct

---

(1) Occupé de l'éducation de ses deux fils, M. Bros a bien voulu m'appeler quelquefois à partager ses travaux ; nos fréquens rapports, depuis que je suis à Montpellier, me font espérer qu'il permettra que je place son nom en tête de mon ouvrage.

(2) Ma mère se servit, pour mon instruction, d'un moyen que je voudrais voir employer partout : elle plaça de bonne heure, sous mes yeux, une série de tableaux représentant les faits principaux de l'*Histoire ancienne et moderne*; au-dessous de la gravure était le texte explicatif. — Je ne me rappelle pas aujourd'hui le nom de l'éditeur de cette *Galerie historique*; mais je sais qu'il y avait 166 feuilles et 86 portraits de grands hommes, avec une *Notice biographique*.

que celui que je viens offrir aujourd'hui. Cependant, guidé par les avis d'hommes connus dans la science, j'ai l'espoir de m'être approché du but où je tendais : j'ai désiré faciliter le travail des candidats, et leur épargner des recherches longues et pénibles, pour lesquelles il leur faudrait de nombreux ouvrages, qui souvent ne sont pas à leur disposition.

J'ai joint à chaque leçon, un *Questionnaire* dont ils pourront s'aider pour s'assurer s'ils possèdent bien la matière qu'ils auront étudiée (1).

Si ce livre est jugé digne d'être admis dans les Établissemens d'instruction publique, Messieurs les Professeurs trouveront peut-être, dans cette addition, un moyen d'interrogation facile.

Chaque fois qu'un nom nouveau de peuple ou de pays est entré dans le récit, j'ai donné une petite Notice de géographie historique : l'indication des sources où j'ai puisé les documens, a été faite avec une exactitude scrupuleuse.

Je place ce *Résumé* sous la bienveillante protection des personnes qui se livrent à l'enseignement de l'Histoire (2) : je recevrai avec reconnaissance les observations qu'elles daigneront m'adresser.

---

(1) J'aurais voulu aussi placer en tête de toutes les *Questions*, un sommaire dont chaque mot eût été un signe de rappel pour l'élève, qui pourrait les mnémoniser à sa manière. Mais, pour ne pas augmenter le volume de ce *Résumé*, j'ai dû laisser aux élèves le soin de le faire eux-mêmes, ce qui leur sera plus profitable : cependant, les *Questionnaires* 13 et 24 pourront leur servir de modèle.

(2) J'ai déjà contracté des obligations sur ce point. Qu'il me soit permis de consigner ici le nom de ceux qui ont bien voulu me venir en aide. C'est un besoin pour moi de publier avec quelle bonté j'ai été accueilli par MM. Gervais et Bascou, professeurs à la Faculté des lettres ; Marcel de Serres, de la Faculté des sciences ; Gurmel, du Collège royal ; Brun, bibliothécaire de notre ville ; et Paprat, licencié ès-lettres, lorsque j'ai eu recours à leurs conseils.

Je m'estimerai heureux s'ils veulent bien accepter ce témoignage de ma gratitude.

I.

Histoire ancienne.

RÉPONSES

AUX

CENT QUESTIONS D'HISTOIRE

DU PROGRAMME

DU BACCALAURÉAT ÈS - LETTRES,

PREMIÈRE QUESTION.

Histoire du monde, depuis la création jusqu'à la formation des premiers empires, à la suite de la dispersion des enfans de Noé.

QUESTIONNAIRE.

I. Combien d'années avant J.-C. la terre fut-elle créée ? — En combien de jours. — Où Adam et Ève furent-ils placés ? — Quelle était leur condition primitive ? — Qu'arriva-il après leur désobéissance ? — II. Quels furent les premiers enfans d'Adam ? — Pourquoi Caïn tua-t-il son frère ? — Que devint il après ce meurtre ? — III. Qu'est-ce que Seth ? — Quels furent les noms des enfans de Caïn et de Seth ? — IV. Qu'est-ce que les patriarches ? — Combien y en eut-il avant Noé ? — V. Pourquoi le déluge eut-il lieu ? — VI. Combien dura-t-il ? — Qui en échappa ? — VII. Où descendit Noé ? — Quand mourut-il ? — VIII. Où vécurent les hommes après le déluge ? — IX. Qu'est-ce que la tour de Babel ? — X. Comment les hommes se dispersèrent-ils ? — Quels sont les pays peuplés par Sem, Cham et Japhet ? — A quelle époque remonte la fondation des premiers empires ?

I — Dieu créa le monde en six jours (1). — 4004. — Il plaça Adam et Ève dans le Paradis terrestre ou Éden. L'homme et sa compagne avaient été créés

---

(1) On s'est demandé ce qu'il fallait entendre par les six jours de la création, qui sont mentionnés dans la Genèse; quelle durée on devait leur donner; si l'on devait croire la création successive ou instantanée. — La première partie de ces questions a été expliquée par M. le professeur Marcel de Serres, au cours de la Faculté des sciences: elle sera développée dans la seconde édition de son intéressant ouvrage : *De la Cosmogonie de Moïse*. Quant à la deuxième question, étudiée par les phé-

1

justes et immortels; mais, quand ils eurent trans-
gressé la loi divine, le Seigneur les condamna au
travail, à la maladie, à la peine et à la mort. Cependant, il promit que de la femme naîtrait le Rédemp-
teur de l'humanité.

II. — Caïn et Abel furent les premiers enfans
d'Adam et d'Eve, expulsés, après leur faute, du
Paradis terrestre. — Caïn tua son frère par jalousie,
et, poursuivi par ses remords, abandonna son père,
pour se fixer à l'orient d'Éden, où il se bâtit une
habitation.

III. — Seth, troisième fils d'Adam, fidèle à la
loi du Créateur, ainsi que sa postérité, mérita,
pour lui et sa famille, le titre d'*Enfant de Dieu*;
tandis que les descendans de Caïn, révoltés contre
le Seigneur, furent nommés, dans l'Écriture,
Enfans des hommes.

IV. — Les chefs des générations suivantes, ou
patriarches, furent Énos, Caïnam, Malaléel, Jared,
Énoch, Mathusalem, Lamech et Noé.

V. — La race issue de Caïn corrompit les successeurs de Seth : la perversité régnait sur la terre.
Dieu, irrité, résolut de punir les hommes en les ex-
terminant.

VI. — Une pluie abondante tomba pendant 40 jours
et 40 nuits; les eaux s'élevèrent à 15 coudées au-
dessus des plus hautes montagnes; et la terre resta
ensevelie pendant 150 jours sous les eaux qui l'avaient
inondée. Il n'échappa, à cette destruction générale,
que Noé, sa famille et tous les animaux enfermés

---

nomènes de la nature, elle a été résolue. Entre la première et
la dernière création il y a eu plusieurs révolutions, qui peuvent
se ramener à trois principales, ou quatre au plus, d'après l'examen auquel se sont livrés les géologues, qui ont observé que les
animaux qui ont laissé leurs dépouilles dans les différentes cou-
ches de la terre, sont dans le même ordre que celui de la création, présenté par Moïse. — M. Meyrand; *Encycl. mod. des arts
et des sciences,* art. *Terre.* — Cuvier; *Ossemens fossiles des qua-
trupèdes.* — Marcel de Serres; *Cosmogonie de Moïse; Discours
sur l'avenir physique de la terre.*

dans l'arche construite par ordre du Seigneur, devant lequel il avait trouvé grâce par ses vertus. (1).

VII. — Noé s'arrêta sur le mont Ararat, en Arménie (2). Dieu lui donna des préceptes, défendit l'homicide, et promit de ne plus submerger la terre. Mais la nature humaine fut frappée d'une dégradation remarquable : Noé mourut en 2958. — On lui attribue la culture de la vigne. — 2958.

VIII. — Tous les hommes, depuis le déluge, vivaient rassemblés dans les plaines du Sennaar, entre le Tigre et l'Euphrate (3).

IX. — Ils commencèrent la construction d'une tour qu'ils voulaient élever jusqu'au ciel ; mais Dieu renversa leur projet en confondant leur langage. La tour de Babel fut inachevée, et les hommes se dispersèrent. — 2907-2888.

X. — Les trois fils de Noé, Sem, Cham et Japhet, donnèrent naissance aux divers peuples de la terre (4). — Sem peupla l'Asie du milieu, depuis le mont Taurus jusqu'à la mer du Japon. Les fils de Cham se répandirent dans les diverses contrées de l'Afrique ; et ceux de Japhet couvrirent l'Europe et

---

(1) La tradition de ce déluge universel s'est conservée chez la plupart des peuples de l'antiquité (Voir la *Genèse*, chap. 7; les *Métamorphoses d'Ovide*); elle se trouve en Chaldée, en Égypte, en Assyrie, en Grèce, en Étrurie, en Chine. Yao, le plus ancien empereur chinois, est représenté occupé à faire écouler les eaux qui, s'étant élevées jusqu'au ciel, baignent encore le pied des plus hautes montagnes.

(2) Le mont Ararat, en Arménie (mont *Macis* ou *Agri-Dag*), paraît avoir fait partie des montagnes habitées par les Carduques (*Charduchorum montes*).

(3) Le Tigre, l'Euphrate et le rapide Araxe *(Araxes)* prenaient leur source au pied des monts Carduques. — Les villes principales de l'Arménie étaient Tigrano-Certa *(Sert)*; Naxuana *(Nakchiran)*. première ville, dit-on, bâtie après le déluge : Arsaxata *(Ardeñ)*. Les bornes de l'Arménie sont, au nord, la Colchide, l'Ibérie, l'Albanie; à l'ouest, l'Euphrate; au sud, la Mésopotamie, l'Assyrie; à l'est, la Méditerranée (Ansart; *Géogr. anc.*, 1832, pag. 130 et suiv.).

(4) Cham, selon l'Écriture, fut maudit par son père, pour lui avoir manqué de respect.

l'Asie septentrionale (1). — Les empires d'Égypte et
d'Assyrie furent fondés peu après le déluge, tandis
que neuf patriarches se succédèrent depuis Sem
jusqu'à Abraham, le père de la nation israélite (2).

DEUXIÈME QUESTION.

**Histoire d'Abraham, d'Isaac et de Jacob. — Établissement
des Israélites en Égypte. — Vie de Moïse ; sa législation ;
ses ouvrages. — Josué. — Conquête et partage de la Terre-
Sainte. — Gouvernement des Juges.**

QUESTIONNAIRE.

I. Où naquit Abraham ? — II. Quel pays lui donna Dieu ? — III. Où alla-t-il ? —
Comment périrent Sodome, Gomorrhe et Adama ? — A quel âge mourut Abraham ? —
IV. Quel fut son héritier ? — Que devint Ismaël, fils d'Agar ? — V. Quelle fut l'épouse
d'Isaac ? — Combien eut-il de fils ? — Comment Jacob obtint-il la bénédiction pater-
nelle ? — VI. Où alla Jacob pour fuir la colère d'Ésaü ? — Qui épousa-t-il chez La-
ban ? — VII. Comment revint-il ? — Qu'arriva-t-il entre Jacob et le roi de Sichem ?
— VIII. Qu'est-ce que Joseph ? — IX. Comment les Hébreux allèrent-ils en Égypte ? —
X. Quel pays leur fut donné ? — XI. Quel fut le sort des enfans de Jacob en Égypte ?
— XII. Qu'est-ce que Moïse ? — Où fut-il élevé ? — XIII. Qui épousa-t-il ? —
XIV. Comment Dieu se révéla-t-il à lui ? — Comment obtint-il la liberté des Hébreux ?
— Miracles de Moïse au passage de la mer Rouge. — XV. Comment fut donnée la
loi ? — XVI. Mort de Moïse. — Qui succéda à Moïse ? — XVII. Qu'était le code Juif
avant Moïse ? — Dites les dispositions principales de ce code. — Lois religieuses. — Lois
civiles et peines. — XVIII. Quels sont les ouvrages de Moïse ? — XIX. Comment s'éta-
blit-on dans la terre promise ? — XX. Qui succéda à Josué ? — Comment se lassa-t-on
du gouvernement de Juda. — XXI. Qui fut le premier Juge. — XXII. Qu'est-ce que
Gédéon. — Nommez ses successeurs.

I.-II.-III. — Abraham, fils de Tharé, naquit à Ur,
ville de Chaldée. — Dieu l'ayant choisi pour être le
père de son peuple, lui ordonna de quitter son pays,
et lui accorda la terre de Chanaan, pour lui et ses
descendans (3). — Abraham passa l'Euphrate, s'éta-

---

(1) Le mont Taurus, ou plutôt la chaîne du Taurus, se déve-
loppait en Pamphylie, au sud de la Phrygie, et renfermait deux
petits pays : la Pisidie et l'Isaurie.

(2) Le chapitre 10e de la Genèse est consacré à l'histoire des
descendans de Sem, jusqu'à Abraham.

(3) 44 livres de la Genèse sont consacrés, par Moïse, au récit de la vie et des voyages d'Abraham.

blit d'abord en Mésopotamie (1), fit un voyage en Égypte, et revint dans le pays de Chanaan, près du lieu où fut, depuis, fondée Samarie (2).—A cette époque, les villes de Sodome, Gomorrhe et Adama furent détruites par le feu du ciel, à cause des crimes de leurs habitans. Abraham mourut à l'âge de 175 ans.

IV. — L'héritier de ses troupeaux fut Isaac, fils de Sahra et du patriarche. Ismaël, qu'il avait eu d'Agar, fut chassé et déshérité, parce que sa mère avait injurié Sahra. — L'enfant banni se fixa dans le désert, où un ange qui apparut à Agar, prédit que d'Ismaël naîtrait un grand peuple (3). — 2195.

V. — Isaac avait 37 ans, selon l'Écriture, quand son père voulut l'immoler pour témoigner son obéissance au Seigneur; et, quand Abraham songea à marier son fils, Éliézer, qui fut envoyé auprès de Bathuel, en Mésopotamie, reçut de Dieu les instructions nécessaires pour reconnaître Rebecca, la fiancée du fils de son maître (4).

---

(1) Mésopotamie (*Diarbek* au milieu des fleuves), située entre le Tigre et l'Euphrate. Ces deux fleuves se rapprochent tellement au sud, qu'ils ne laissent qu'un petit espace que Sémiramis fit fermer par un mur qui séparait la Mésopotamie de la Babylonie. Villes anciennes : Carræ ou Charræ. nommée par l'Écriture Harran : elle a conservé ce nom ; c'est de là que sortit Abraham pour aller à Chanaan. Cunaxa, célèbre par la mort du jeune Cyrus, en 401 avant J.-C. Resaina (*Ras-Aïn*), sur le Chaboras (*Kabour*). Le Diarbeck est aujourd'hui un pachalik de la Turquie.

(2) Chanaan, du nom de Chanaan, fils de Cham ; nommée Palestine, à cause des Philistins ; Judée, à cause de Juda, la première des tribus d'Israël ; Terre-promise, parce que Dieu la promit à son peuple ; Terre-Sainte, les mystères de notre religion s'y étant accomplis ; bornée au nord, par la Syrie ; à l'ouest, par la mer Intérieure ; au sud, par l'Arabie Pétrée ; à l'est, par l'Arabie Déserte. (Ansart; *Géogr. anc.*, 1832, p. 123 et suiv).

(3) Les Arabes prétendent descendre d'Ismaël, et honorent la mémoire d'Abraham, comme celle du père de celui dont ils tirent leur origine.

(4) Éliézer reconnut l'épouse destinée à Isaac, dans la jeune fille qui lui offrit à boire pour lui et ses chameaux, ainsi qu'il l'avait demandé à Dieu. (*Ancien Testament*, 1835.—Coquerel; *Bibliogr. sacr.*)

VI. — Isaac eut deux fils, Esaü et Jacob, qui reçut le nom d'Israël quand le créateur fit alliance avec lui. — 2136. — Jacob obtint, par la ruse de sa mère, la bénédiction paternelle et la confirmation du droit d'aînesse qu'il avait acheté à Esaü (1).

XI. — Redoutant la colère de son frère, il se retira chez Laban, son oncle, qu'il servit pendant quatorze années pour obtenir une épouse.— Rachel et Lia lui furent données en mariage, et il en eut plusieurs enfans. Les tribus israélites tirèrent leurs noms de ceux des douze fils du patriarche (2).

VII. — Jacob se réconcilia avec Esaü, qu'il appaisa par des présens, et rentra dans la terre de Chanaan.—Pendant qu'avec ses enfans il se livrait à la vie pastorale, le roi de Sichem lui enleva Dina, sa fille. Siméon et Lévi, frères de Dina, tirèrent une vengeance terrible de ce rapt : le roi de Sichem et son peuple furent massacrés. Mais ces sanglantes représailles contraignirent Jacob à quitter le pays : il se réfugia à Béthel (3).

VIII.— Joseph, l'avant-dernier des enfans de Jacob, excita la jalousie de ses frères ; ils conçurent le dessein de le tuer. Ramenés à des sentimens plus humains, ils se contentèrent de le vendre à des marchands égyptiens, qui le conduisirent dans leur pays, où il fut esclave de Putiphar. Victime d'une

---

(1) Le droit d'aînesse avait été vendu à Jacob par Esaü, au retour d'une longue chasse. Rebecca recouvrit les mains et la poitrine de Jacob avec une peau de chevreau ; Isaac, aveugle, crut, au toucher, reconnaître Esaü, et bénit son plus jeune fils à la place de l'aîné. (Coquerel ; *Bibliogr. sacrée.*) — Ce fut pendant sa fuite que Jacob reçut de Dieu le nom d'Israël.

(2) Laban le fit servir sept années pour lui donner Rachel, qu'il aimait, et l'unit à Lia. Jacob, pour obtenir la main de Rachel, fut contraint à rester auprès de son oncle sept autres années. (*Histoire de l'Ancien Testament,* Lemaistre de Sacy ; Royaumont, 1835, p. 44 et suiv.—*Genèse,* chap. 25 et suiv.)

(3) Sichem, ensuite Néapolis (*Nabolos*), ville de Samarie, dans une vallée entre les monts Garizim et Hébal ; elle devint la capitale de la Samarie, après la ruine de cette ville par Salmanazar.

accusation calomnieuse, on le jeta en prison. Son talent pour interpréter les songes le fit sortir des fers : il gagna la faveur du roi, dont il avait expliqué le rêve. Nommé intendant de l'Égypte (1), il sauva, par sa prévoyance, ce pays de la famine qu'il avait annoncée : le Pharaon, reconnaissant, le fit son premier ministre (2). — 2097.

IX. — Quand les enfans de Jacob vinrent en Égypte pour acheter du blé, Joseph se fit reconnaître, leur pardonna et appela son père auprès de lui.

X. — Le roi donna à Jacob le pays de Tanis, pour lui et ses descendans. — 2076.

XI. — Les Israélites devinrent nombreux et redoutables aux Égyptiens, qui les accablèrent des travaux les plus durs. Ils construisaient les mo-

---

(1) L'Égypte, appelée dans l'Écriture Misraïm, est encore nommée par les Turcs Missir. Ce pays a 200 lieues de long ; il est borné au nord, par la mer Intérieure ; à l'ouest, par le désert qui le sépare de la Lybie ; au sud, par l'Éthiopie ; à l'est, par de hautes montagnes qui le séparent de la mer Rouge. (Nous reviendrons sur la géographie de l'Égypte, à la question qui se rattache exclusivement à ce pays.) — Tanis, ville de l'Égypte inférieure, aujourd'hui *San, en ruines,* au sud de Thamiathis ; elle était la capitale d'un état particulier : Jacob s'y fixa ; Moïse y naquit. — Le récit de Moïse nous peint la cour d'Égypte comme brillante, le royaume bien administré, l'agriculture en honneur, ainsi que les arts, et une civilisation avancée.

(2) Les frères de Joseph envoyèrent à leur père la robe de son fils tout ensanglantée, et lui annoncèrent que, sans doute, il avait été dévoré par une bête féroce. Joseph, dans la prison où l'avait fait plonger le mensonge de Putiphar, expliqua deux songes au grand pannetier et au grand échanson du roi, qui étaient captifs avec lui. Sa prédiction se vérifia par la mort de l'échanson et la grâce du pannetier. Trois ans après, le roi vit dans son sommeil des vaches grasses et des épis gras sortant du Nil et dévorés ensuite par des vaches et des épis maigres. Aucun des devins de l'Égypte ne put expliquer cette vision. Joseph, dont le pannetier se souvint, fut mandé à la cour, et annonça sept années d'abondance suivies de sept années de disette. Nommé intendant du pays, il amassa les grains pendant l'abondance, et le produit qu'on retira de la vente du blé aux autres peuples de la terre que la stérilité avait frappés, fut une source de richesses. (Voir Coquerel ; *Bibliographie sacrée. — Ancien Testament* (Royaumont), 1835, p. 58 et suiv. — *Genèse,* ch. 37 et suiv.)

numens et les canaux utiles à l'embellissement et à la fertilisation du pays. Mais leur nombre augmentant chaque jour, le Pharaon régnant oublia les services rendus à l'Égypte par Joseph, et ordonna de précipiter dans le Nil tous les enfans mâles qui naîtraient des femmes juives.

XII. — Dieu suscita un vengeur à son peuple dans la personne de Moïse (1). — Le sauveur des Hébreux vint au monde à Tanis. La fille de Pharaon l'arracha à la mort : elle le trouva exposé sur le Nil. Le jeune hébreu fut élevé à la cour de celui qui avait ordonné son trépas et qui devait, plus tard, connaître sa puissance. — 1725.

XIII. — Les livres saints nous montrent Moïse quittant la cour de Pharaon ; consolant ses frères affligés, et vengeant, par la mort d'un Égyptien, un Israélite frappé injustement par un de leurs tyrans. Le roi est instruit du meurtre commis par Moïse ; celui-ci est contraint de se réfugier dans le pays des Madianites, où il épouse la fille de Jéthro (2).

XIV. — Dieu se révèle à son serviteur sur le mont Horeb, au milieu d'un buisson ardent, et lui commande d'aller réclamer la liberté des Hébreux. Pharaon la refuse d'abord ; mais, effrayé par les miracles

---

(1) M. de Pastoret ; *Moïse considéré comme législateur et moraliste*, 1788, p. 1re et suiv.

(2) Les Madianites, descendans de Madian, fils d'Abraham et de Céthura, habitaient l'Arabie Pétrée. Ce pays renfermait les déserts de Pharan et de Sin, où errèrent, pendant quarante années, les Israélites, et particulièrement celui de Sinaï ou Sina. Ce désert renfermait les deux montagnes de Sinaï ou Sina (*Gibel-Tour*), où Dieu donna sa loi, et le mont Horeb, au nord-ouest du Sinaï, où il apparut à Moïse pour lui ordonner d'aller délivrer les Israélites. — La mer Rouge, formée par la mer de Judée avec laquelle elle communique, au sud-est, par le détroit de Bab-el-Mandel et le golfe d'Aden, est renfermée entre l'Égypte, la Nubie et l'Abyssinie à l'ouest et au sud-ouest, et l'Arabie au nord et à l'est. Il paraît que c'est vers l'extrémité septentrionale du golfe Bahr-el-Soneis (anciennement *Sinus Heroopolytes*), qu'eut lieu le passage de la mer Rouge par les Juifs. (Voir le grand ouvrage sur l'Égypte, de M. Dubois-Aymé, t. 1. — Pour l'ère sabbatique, Coquerel, *Bibliogr. sacr.*)

9

exécutés par le prophète, il acquiesce à sa demande.
Au nombre de 6oo,ooo, les descendans de Jacob se
mettent en marche et arrivent au bord de la mer
Rouge. Mais le monarque égyptien s'est repenti de
l'ordre que la peur lui a fait donner; il a poursuivi
les Israélites. Ceux-ci, pressés entre la mer et l'armée ennemie, murmurent contre Moïse, qui leur
ouvre un passage au milieu des eaux. Les soldats de
Pharaon se précipitent dans la même voie avec leur
chef; l'onde les engloutit.

XV. — Après avoir miraculeusement sauvé les
peuples commis à sa garde, Moïse entra dans le
désert et reçut la loi divine sur le mont Sinaï. Le
Décalogue fut inscrit sur les Tables. Mais, ingrats
envers l'Éternel, les Juifs se révoltèrent souvent et
oublièrent le culte qu'ils avaient adopté avec tant
d'enthousiasme. — Cependant, le Seigneur mani-
festait chaque jour sa bienveillance envers eux : la
manne les nourrissait, et Josué battait les ennemis
pendant que Moïse était en prière. — Le Tabernacle
fut construit. La tribu de Lévi reçut le mandat de
diriger la religion.

XVI. — Ce fut à cette époque qu'Abiron et Choré,
jaloux de voir Aaron, frère de Moïse, chargé de la
grande-prêtrise, se révoltèrent : on adora le veau
d'or. Les rebelles furent massacrés. Le prophète lui-
même douta un jour de la puissance divine; il hé-
sita à frapper le rocher avec sa baguette, quand le
Seigneur lui ordonna d'en faire jaillir l'eau qui devait étancher la soif du peuple. Alors, l'Éternel
annonça que cette génération n'entrerait pas dans
la terre promise. Moïse mourut sur le mont Nébo,
après avoir proclamé Josué son successeur. — 1605.

XVII. — Les Hébreux, avant le code de Moïse, ne
connaissaient d'autre pouvoir que celui des chefs
de tribus. Les lois données par l'ordre de Dieu, comprenaient la vie privée, la vie civile et le culte (1).

____

(1) — La législation israélite, divisée en cinq livres ou parties, était renfermée dans le Pentateuque et conservée dans

XVIII. — Les ouvrages de Moïse sont au nombre de cinq : 1° La *Genèse*, qui décrit la création ; 2° l'*Exode*, ou la sortie d'Égypte ; 3° le *Lévitique*, ou livre des prêtres ; 4° les *Nombres*, ou recensement du peuple ; 5° le *Deutéronome*, ou répétition de la loi : ces cinq ouvrages réunis forment le *Pentateuque*.

XIX. — Josué franchit le Jourdain, se rend maître de Jéricho, dont les murailles tombent devant lui

---

l'Arche, qu'on ne pouvait toucher sous peine de mort. Le peuple en écouta la lecture et promit de s'y conformer. — Le premier gouvernement fut théocratique : Jéhova était le roi des Juifs, leur législateur et leur juge ; le grand-prêtre était son interprète. Cependant, Moïse réunit, seul, le pouvoir sacré et le pouvoir politique. Après sa mort, la charge de grand-prêtre fut distincte des fonctions publiques, comme l'ordonnait la loi. — Les Juges tenaient leurs assises aux portes des villes. Le chef de la nation, après Josué, prit le titre de Juge. Cette dignité n'était pas héréditaire, et les qualités guerrières étaient indispensables pour l'obtenir : les femmes en étaient exclues ; cependant, Débora l'obtint pour avoir remporté une victoire sur les ennemis de la patrie. — Quand l'état fut monarchique, l'administration n'appartint pas exclusivement au roi. Chaque tribu avait un chef, nommé Phylarque : ils assistaient les rois dans leurs jugemens.

—Le peuple se montra souvent enclin à partager les superstitions étrangères ; aussi, pour mieux faire comprendre l'unité d'un Être-Suprême, il n'y eut qu'un seul temple, un seul autel ; Jérusalem fut la cité commune, et la famille de Lévi attachée au sacerdoce ; la dîme fut instituée pour les lévites : ils n'avaient pas été admis au partage du territoire.

—L'Israélite lié par un vœu, était obligé de l'accomplir à quelque prix que ce fût. — Le législateur enleva aux pères le droit de vie et de mort sur leurs enfans, mais leur laissa la faculté de disposer de leur liberté. — Le célibat était un crime pour l'homme et un opprobre pour la femme. La polygamie était tolérée, mais restreinte. Le mariage était un contrat civil ; le père de la jeune fille bénissait les époux. L'union du frère avec la veuve de son frère était obligatoire ; la cérémonie par laquelle on s'en dispensait était regardée comme déshonorante. Le divorce était autorisé. Les Juifs n'avaient point d'officiers institués pour recevoir les contrats. — Les supplices étaient nombreux, quoi qu'en dise dom Calmet, un des plus habiles commentateurs. C'était la scie, le feu, la potence, la lapidation, le glaive, la mise en croix : la potence était le supplice ordinaire ; on enterrait l'instrument avec le coupable. (Caix et Poirson ; *Précis d'Histoire ancienne*, 1831, p. 64 et suiv. — M. de Pastoret, p. 104 et suiv.)

au son des trompettes, extermine les peuples qui s'opposent à son passage, et établit les Hébreux dans la terre promise (1). — 1605. — Trois Israélites de chaque tribu présidèrent à un partage égal des terres.

XX. — A la mort de Josué, la tribu de Juda, comme la plus ancienne, gouverna la nation pendant 8 années. Mais les Juifs. vaincus par Chusan, roi de Mésopotamie, attribuèrent leur défaite à leurs chefs, et voulurent des juges pour les commander. — 1562.

XXI. — Othoniel, premier juge, les délivra du joug de Chusan. Ahod et Samgur, après Othoniel, commandent avec gloire. Mais les Hébreux se livrent à l'idolâtrie. Jéhova les punit et permet que les Madianites les subjuguent (2).

XXII. — Gédéon assura pendant 40 années leur indépendance. — 1349. — Après lui vinrent successivement Abimélec, son fils; Thola, Jaïr, Jephté, qui tua sa fille pour accomplir un vœu ; Abdon, Samson, si célèbre par sa force et la guerre d'extermination qu'il fit aux Philistins jusqu'à sa mort; le grand-prêtre Héli, sous la judicature duquel les Philistins s'emparèrent de l'Arche Sainte ; et Samuel, dont les fils, par leur mauvaise administration, forcèrent les Hébreux à changer le mode de gouvernement (3). — 1080.

---

(1) Jourdain *(Narh-el-Arden)* prend sa source au mont Hermon, coule du nord au sud, traverse le lac de Génézareth ou mer de Galilée ou de Tibériade, et, après avoir arrosé presque toutes les tribus, va se perdre dans le lac Asphalite, nommé mer Morte *(mare Mortuum)*, mer de Loth *(Barh-el-Louth)*. Jéricho *(Eriha)*, ville au nord-est de Jérusalem, prise par Josué et rebâtie depuis: J.-C. y convertit Zachée. (Ansart, 1832, p. 126.

(2) Madianites. Ces peuples habitaient l'Arabie Pétrée; leur capitale était Madian, située au pied du Sinaï et de l'Horeb : c'était la patrie de Jéthro. beau-père de Moïse. (Ansart ; *Géographie déjà citée* , p. 129 et 157.)

(3) Coquerel; *Bibliogr. sacr.* (Juges).

TROISIÈME QUESTION.

Les Hébreux sous les rois. — Leur histoire pendant les règnes de Saül, de David et de Salomon, de 1080 à 962.

QUESTIONNAIRE.

I. Pourquoi les Hébreux voulurent-ils un roi? — Quel fut le premier roi des Hébreux? — II. Quelle fut la victoire remportée par Jonathas? — III. Quels ordres Dieu donna-t-il à Saül contre les Amalécites? — Que fit Saül? — IV. Pourquoi David fut-il sacré? — V. Comment David vint-il à la cour? — VI. Qu'est-ce que Goliath? — Quelle fut la récompense du vainqueur de Goliath? — Saül aima-t-il toujours David? — VII. Pourquoi Saül alla-t-il consulter la magicienne d'Endor? — VIII. Qu'arriva-t-il à la mort de Saül? — IX. Quelle fut la première expédition de David? — Comment mourut Osée? — X. Quel fut le double crime commis par David? — Quelle fut sa pénitence? — Quels chagrins éprouva-t-il dans son intérieur? — Quel fut le successeur de David? — XI. Travaux et gloire de Salomon. — XII. Comment les mœurs de Salomon se corrompirent-elles? — Quelle prédiction lui fut faite? — XIII. Mort de Salomon. — XIV. Quels sont les ouvrages qu'il a laissés?

I. — Samuel exerçait la charge de grand-prêtre et la judicature. — 1080. — La mauvaise administration de ses fils révolta les Hébreux, qui demandèrent un roi. — Le grand-prêtre consulta Dieu, et reçut l'ordre de sacrer Saül, fils de Cis, de la tribu de Benjamin; Samuel versa l'huile sainte sur le front du jeune homme, puis assembla les Juifs. On procéda, par la voie du sort, à la nomination du nouveau chef, d'abord par tribu, et ensuite par famille : le nom de Saül sortit de l'urne.

II.-III. — Le nouveau monarque marcha contre les Philistins(1).—1062.—Jonathas alla, pendant la nuit, attaquer le camp des ennemis, épouvanta l'armée, qui prit la fuite en désordre. — Saül, averti de

______

(1) Philistins. Ces peuples habitaient à l'ouest de la Judée, sur la côte de la mer Intérieure; leur pays était divisé en cinq gouvernemens, dont les capitales étaient Ascalon, Gaza, Accaron ou Ekron, Geth ou Gath, patrie du géant Goliath; Azotus ou Azot, où les Philistins avaient placé l'Arche Sainte, dont ils s'étaient emparés sous la judicature d'Héli. (Ansart: *Géographie ancienne*, page 127.)

leur retraite, les poursuivit et en défit un grand nombre ; mais Jonathas faillit payer de sa vie la gloire qu'il venait d'acquérir (1).

— Saül attaqua ensuite les Amalécites. Dieu lui commanda de détruire ce peuple et de ne rien réserver du butin que l'on ferait ; tout devait être anéanti (2).— Le monarque israélite vainqueur épargna la vie du roi et garda la meilleure partie des troupeaux. Samuel lui reprocha l'oubli des ordres divins, fit périr Agag, chef des Amalécites, et annonça à Saül que Dieu l'abandonnait.

IV. — En même temps le grand - prêtre sacra David, de la tribu de Juda.— 1055.

V. — Vers cette époque, Saül fut atteint d'une maladie noire ; les médecins lui indiquèrent la musique comme une cause puissante de distraction, et le jeune David, qui excellait à jouer de la harpe, fut mandé à la cour. — Soulagé par les talens du fils d'Isaï, Saül l'attacha auprès de lui en qualité d'écuyer.

VI.— La guerre continuait contre les Philistins, et Goliath, guerrier de cette nation, vint défier au combat le plus brave des Israélites. — Effrayés par la stature colossale et la force de ce géant, les Hébreux

(1) Saül avait maudit quiconque mangerait avant la défaite des Philistins. Jonathas, ignorant le vœu de son père, prit un peu de miel avec sa baguette, pour réparer ses forces. Quand, après avoir donné quelque repos à ses troupes, Saül voulut de nouveau poursuivre l'ennemi, il consulta Dieu pour savoir s'il approuvait son projet ; ne recevant point de réponse, il en conclut qu'on avait irrité le Seigneur, et jura que le coupable périrait. Le sort tomba sur Jonathas, qui, interrogé, avoua avoir mangé. Saül voulait l'envoyer au supplice, mais le peuple s'y opposa. (*Ancien Testament*, Royaumont, p. 178 et suiv.)

(2) Les Amalécites habitaient la partie de la Palestine nommée la Pérée, entre le Jourdain à l'est, et l'Arabie à l'ouest. Elle comprenait le pays des Ammonites, celui des Moabites et l'Idumée. Dans cette dernière contrée se trouvaient les Edomites, descendans d'Esaü ou Edom. — Les villes étaient Bostra (*Bosra*), Rabath, Ammon (*Ammon*), Rabbats, Mohabiou Aréopolis (*El-Roba* ou *Moab*), capitale des Moabites. (Ansart; ouv. déjà cité, p. 127.)

n'osaient sortir du camp pour répondre à ce défi :
David s'offrit pour le combattre. Le barbare méprisa
sa jeunesse et les armes qu'il portait. Le jeune Hébreu
l'atteignit d'un coup de pierre au front, le renversa
et lui trancha la tête. — Le peuple juif sortit au-
devant du vainqueur; et Saül, fidèle à sa promesse,
lui donna sa fille en mariage.—Mais la gloire acquise
par David excita la jalousie du roi, qui tenta plusieurs fois de le faire périr.

VII. — Poursuivi par la haine de son maître, le
vainqueur de Goliath fut obligé de quitter son pays.
Il erra pendant quelque temps, et montra sa générosité en épargnant la vie de son ingrat souverain;
il demanda même asile aux Philistins, qui le lui refusèrent. — Les temps étaient arrivés où Dieu allait
le mettre en possession de la couronne. Saül alla consulter une magicienne à Endor; Samuel le sut, s'y
rendit, annonça au roi sa mort, celle de sa famille,
et l'avènement de David au trône. — Une action terrible s'engagea auprès de la montagne de Gelboé avec
les Philistins ; le roi des Hébreux y périt avec ses
enfans, et un Amalécite lui coupa la tête qu'il vint
présenter à David, qui fit mourir celui qui avait osé
frapper l'oint du Seigneur. — 1048.

VIII.—La tribu de Juda reconnut David pour roi;
Isboseth, fils de son prédécesseur, soutenu par Abner,
général du dernier roi, lutta 5 ans contre lui. A sa
mort, la nation entière se soumit. —1033.

IX. — Après la conquête de Jérusalem, David se
hâta d'y faire conduire l'Arche Sainte, qui, depuis
70 années qu'elle avait été rendue par les Philistins,
était restée chez Abinadab.—1028.—Oza, qui voulut la soutenir au moment où elle paraissait près de
tomber, fut frappé de mort. L'entrée à Jérusalem fut
un véritable triomphe ; le roi dansait devant le cor-
tége en jouant de la harpe.

X.—Vainqueur des Ammonites, David confia à
Joab, son général, le soin d'achever leur défaite, et
revint à Jérusalem : là, il se rendit coupable du double crime d'adultère et d'homicide.—Pour obtenir la

main de Bethsabé, il ordonna à Joab d'exposer Uri, mari de la femme qu'il avait séduite, et de le laisser périr : son ordre fut exécuté; mais le remords vint bientôt. Le prophète Natham lui reprocha son crime, et le roi, touché de repentir, s'imposa une pénitence sévère. C'est alors qu'il composa les psaumes qui sont parvenus jusqu'à nous (1).

— Sa famille lui causa de nombreux chagrins :— Amman, son fils, se rendit coupable envers sa sœur Thamar, et fut assassiné par Absalon, qui prit les armes contre son père. Joab, envoyé contre le rebelle, tua ce malheureux prince, retenu dans sa fuite à un arbre où sa chevelure l'avait arrêté.—1010. —La peste annoncée par le prophète vint frapper les Hébreux, et enleva une grande partie de la population. —David, sentant approcher sa fin, laissa la couronne à Salomon, malgré la prétention élevée par Adonias, un de ses autres fils. Il mourut, et Salomon monta sur le trône. — 1001.

XI. — Aimé de Dieu, qui lui avait donné la sagesse en partage, le fils de David mit à profit la paix dont il fit jouir ses sujets, pour bâtir le temple commencé par son père. Les Tyriens lui fournirent des matériaux et des ouvriers habiles : 150,000 hommes travaillèrent pendant 7 années à la construction de l'édifice le plus majestueux et le plus riche qui eût été jamais consacré à Dieu.

XII. —Salomon fit fleurir le commerce; ses vaisseaux, dans de fréquens voyages à Ophir et à Tarsis, rapportèrent en Judée les richesses qui abondaient dans ces deux villes (2). — L'éclat de cette puissance, ce respect des princes qui vinrent admirer Salomon dans sa capitale, entraînèrent le monarque dans de nombreuses fautes. Allié avec des femmes étrangères, il abandonna le Seigneur : Astarté, Moloch, divinités des Tyriens, reçurent ses hommages.

---

(1) *Ancien Testament* (Royaumont), p. 184 et suiv.
(2) Quelques géographes placent la ville d'Ophir dans l'Arabie Heureuse, où l'on trouve encore un endroit nommé Dophir.

— Le prophète Ahias vint lui annoncer la colère
de Dieu et le jugement porté contre sa maison :
« Votre royaume sera divisé après votre mort ; un de
vos sujets enlèvera 10 tribus à l'héritage de votre fils. »

XIII.-XIV. — Salomon mourut en 962. On a conservé le Cantique des cantiques, des proverbes, des
prières, des psaumes, composés par lui ; mais de
savans interprètes des textes sacrés pensent qu'il
n'est pas l'auteur de l'Ecclésiaste.

QUATRIÈME QUESTION.

**Schisme des dix tribus. — Royaumes de Juda et d'Israël. —
Rapport de ces deux royaumes avec les autres états de
l'Asie. — Destruction du royaume d'Israël. — Isaïe. —
Jérémie. — Ézéchiel. — Captivité de Juda. — Daniel. —
962-536.**

QUESTIONNAIRE.

I. Où s'assemblèrent les Hébreux pour reconnaître Roboam, et qu'arriva-t-il à ce
prince ? — Comment la nation fut-elle divisée ? — II. Qu'arriva-t-il à Abian et à Aza,
son fils ? — III. Quel fut le successeur de Jéroboam ? — IV. Que fit Achab, roi d'Israël ?
— V. Quelle alliance contracta Josaphat avec Achab ? — VI. Quelles furent les fautes
de Joram ? — VII. Crimes d'Athalie, veuve de Joram. — VIII. Racontez l'histoire de
Jéhu et la mort de Jézabel. — IX. Comment régna Joas ? — X. Qu'est-ce que Joachas ?
— XI. Amasias. — XII. Quel fut le règne d'Ozias ? — Quels prophètes parurent à cette
époque ? — XIII. Quelles sont les guerres entreprises par Jéroboam II, roi d'Israël ? —
Quels furent ses successeurs ? — XIV. Guerre avec Salmanazar. — Comment périt le
royaume d'Israël ? — XV. Qui gouvernait Juda à cette époque ? — XVI. Quelle fut
la conduite de Manassès ? — XVII. Quel fut le sort d'Ammon et de ses successeurs ?
— XVIII. Comment Nabuchodonosor attaqua-t-il la Judée ? — XIX. Quelles furent les
suites du mépris de Sédécias pour les avis de Jérémie ? — XX. Que fit Nabuchodonosor
après ses victoires ? — XXI. Racontez la vie de Daniel. — XXII. Comment les Juifs
obtinrent-ils leur liberté ?

I. — Les Israélites s'assemblent à Sichem pour
couronner Roboam, fils de Salomon. Bientôt ce
jeune prince, mal conseillé, augmente les impôts

— D'autres prétendent que le pays d'Ophir était situé dans
le royaume de Sofala, sur la côte du Monomotapa. — L'opinion
de ceux qui placent cette contrée d'où les flottes de Salomon

et repousse les réclamations de ses sujets. Ceux-ci
se révoltent; dix tribus l'abandonnent et proclament
Jéroboam pour roi. Benjamin et Juda restent seules
fidèles à l'héritier légitime. — Vainement Roboam
essaya de soumettre les rebelles soutenus par Sésac,
roi d'Égypte. Le roi d'Israël renonce au culte du
vrai Dieu; et Juda, sous l'influence de Roboam, rend
hommage aux idoles.

II. — Abiam, roi des deux tribus en 946, défit
Jéroboam. Après avoir régné trois ans, il laissa la
couronne à son fils Aza, qui rétablit les autels du Seigneur, et remporta une victoire sur les Éthiopiens(1).

III. — A Jéroboam avait succédé, en 942, Nabad,
son fils; mais un usurpateur nommé Baaza s'empara
de la couronne, qu'il garde jusqu'en 919. Éla, son
héritier, fut assassiné par Zamri. Plusieurs préten-
dans se disputèrent l'empire, qui resta à Amri (ou
Homri), fondateur de Samarie, capitale du royaume
séparé. — 907.

IV. — Achab, auquel revient le trône d'Israël,
épouse Jézabel, fille du roi des Tyriens, et surpasse
ses prédécesseurs en impiété. — Le roi de Syrie attaque Achab, qui appelle à son secours le roi de Juda.

V. — Josaphat, qui a fait épouser à son fils
Joram Athalie, fille d'Achab, marche contre les
Syriens. L'ennemi est vaincu; mais Dieu punit
Josaphat de son alliance avec un impie. Achab, qui
s'est emparé injustement du champ de Naboth,

---

rapportaient l'or et les parfums, dans l'Arabie, est plus vraisem-
blable, attendu que le cap Prasum *(cap Brava)* parait avoir
été la limite des connaissances des Grecs et des Romains en
Afrique. (Ansart; ouv. déjà cité, page 151.)

(1) Les anciens comprenaient sous le nom d'Éthiopie, toutes
les contrées de l'intérieur de l'Afrique, dont les habitans étaient
noirs, depuis le golfe Arabique et l'océan Érythrée, à l'est, jusqu'à l'océan Éthiopien, à l'ouest.—Ils divisaient ces vastes contrées en Éthiopie inférieure *(Nigritie* et *Cafrerie)*, qui leur
était entièrement inconnue, et l'Éthiopie au-dessus de l'Égypte,
sur laquelle ils n'avaient que des notions imparfaites. (Ansart;
ouv. déjà cité, p. 148.)

meurt auprès de Ramoth, dans une nouvelle guerre contre le roi de Syrie (1). —888.

VI.-VII. — Entraîné dans le crime par Athalie, Joram, pour s'affermir sur le trône de Josaphat, dont il a hérité en 88o, fait périr tous ses frères. Les Arabes et les Philistins envahissent son royaume ; Dieu le frappe d'une maladie cruelle, et, à sa mort, ses sujets le privent de la sépulture. Son fils Ochosias, qui monte sur le trône, ne règne qu'une année. — Athalie, veuve de Joram, fait assassiner tous les enfans d'Ochosias.—876.—Mais Joas, sauvé par Jozabeth, femme du grand-prêtre Joad, est couronné quand la mort d'Athalie, frappée par ordre du pontife, laisse libre le sceptre qu'elle a déshonoré par tant de forfaits.

VIII.—Pendant qu'Athalie gouverne Juda, Joram, son frère, roi d'Israël, rend les Moabites tributaires ; assiégé dans Samarie par Ben-Adab, roi de Syrie, il doit sa délivrance aux miracles d'Élisée (2). Dieu, ordonne à Jéhu, général israélite, de faire périr Joram. Jéhu frappe son roi ; et, pour accomplir la prédiction du prophète, fait précipiter l'infâme Jézabel des fenêtres de son palais : des chiens dévorent le corps de cette princesse.

IX.—Joas, échappé miraculeusement au massacre commandé par Athalie — 870, observe religieusement la loi divine ; mais, corrompu par ses flatteurs, il renonce au Dieu qui l'a sauvé. Zacharie lui reproche ses fautes, et l'ingrat Joas fait lapider le fils de son bienfaiteur. Les Syriens attaquent le

---

(1) Syrie *(San)*, nommée dans l'Écriture Aram, était bornée au nord, par le Taurus, qui la séparait de la Cappadoce ; à l'ouest, par la mer Intérieure et la Phénicie ; au sud, par la Palestine et l'Arabie-Pétrée ; à l'est, par l'Euphrate. Villes principales : Samosa *(Semisa)*, Antioche *(Antiakie)*, Apaméa *(Famie)*, Palmyra *(Palmyre* ou *Tadmor)*, Damascus *(Damas)*, Héliopolis *(Balbeck)*, ville du Soleil. (Ansart ; ouv. cité, p. 122.)

(2) Élisée, disciple d'Élie, célèbre prophète dans Samarie, connu entre autres par le miracle opéré chez la veuve de Sarepta. *(Ancien Testament* (Royaumont), page 250 et suiv.)

royaume de Juda, dont le roi meurt assassiné par ses sujets, après quarante années de règne. — 831.

X. — Joachas, fils de Jéhu, fait adorer dans Israël Baal et le vrai Dieu. Le roi de Syrie ravage le territoire de Joachas, comme l'avait prédit Élisée, et le monarque hébreu meurt après avoir gouverné les 10 tribus pendant 17 ans.

XI. — Amasias, roi de Juda, est attaqué par les Israélites commandés par Joas, fils de Joachas, qui s'emparent de Jérusalem et dépouillent le temple, en 824. Les sujets d'Amasias le font périr, et donnent la couronne à Osias, son fils.—803.

XII. — Tant que ce prince écouta les conseils de Zacharie, il obtint gloire et puissance ; mais lorsque, imitant ses aïeux, il entre dans la voie de l'impiété, le Seigneur l'abandonne : il meurt dans la 52e année de son règne—752, laissant pour héritier Jonathan, son fils. Isaïe, Miché annoncent aux peuples de la terre la ruine de Samarie, la naissance du Messie à Bethléem, et la conversion des Gentils.

XIII. — Jéroboam II, prince guerrier, gouverne Israël en 817, pendant cinquante années; il combat avec succès les Syriens, auxquels il enlève tout le pays depuis Hamath jusqu'à la mer du désert. Zacharie, son fils, est assassiné en 767, après six mois de règne, par un usurpateur nommé Sallum, qui, un mois après, est tué lui-même par Manahem, en 766. — Forcé de lutter contre ses sujets, que révoltent ses actes de cruauté, le meurtrier de Sallum fait alliance avec Phul, roi d'Assyrie, et consent à lui payer un tribut auquel se soumet Phacéia, son successeur—754, qui ne conserve le trône que deux ans. Phacée, qui fait perdre la vie à Phacéia, attaque Achaz, un des rois les plus impies de Juda. Téglath-Phalazar, roi d'Assyrie, soutient Achaz, auquel il fait payer cher son appui, en lui prenant, avec le port d'Elat, le commerce de l'Afrique et de l'Inde. Phacée est détrôné par Osée, en 726 (1).

____

(1) *Ancien Testament*, p. 248 et suiv. — Caix et Poirson; ouv. déjà cité, p. 72, 73 et suiv.

XIV. — Salmanazar, roi d'Assyrie, envahit le royaume d'Osée et le rend tributaire. Quelques années après, Israël se révolte ; le vainqueur, furieux, détruit Samarie, et envoie le roi captif à Babylone. —711. —Ainsi périt, après 244 ans d'existence, le royaume d'Israël. L'impiété de ses rois hâta sa chute. Juda, protégé par la vertu de quelques-uns de ses souverains, subsista encore quelque temps. En 672, une révolte des Juifs força Assar-Haddon de transporter les anciens peuples de Samarie au-delà de l'Euphrate, et de les remplacer en Palestine par des colonies assyriennes.

XV. — Ézéchias, célèbre par sa piété, reprend sur les Philistins les places qu'ils avaient enlevées au royaume de Juda. Attaqué par Sennachérib, successeur de Salmanazar, il lui envoie en présent les trésors du temple. Après avoir fait une invasion en Égypte, les Syriens viennent de nouveau ravager la Judée ; mais leur armée est exterminée par la main de Dieu. — 707.

XVI. — Jusques en 694, époque à laquelle Manassès remplace Ézéchias, ce prince vertueux consacre ses momens à réparer les maux de la guerre et à embellir Jérusalem. Manassès se rend odieux par ses crimes et son impiété : le prophète Isaïe est mis à mort par ses ordres. Assar-Addon fait prisonnier le roi des Juifs, qu'il envoie, chargé de chaînes, à Babylone ; une année après, il lui rend la liberté. Mais Nabuchodonosor Ier fait envahir la Judée ; le courage de Judith qui tue Holopherne, général de Nabuchodonosor, préserve Béthulie d'une ruine imminente.

XVII. — Ammon, fils de Manassès, est assassiné en 640, après dix années de règne. Pendant la minorité de Josias, Ibida, veuve d'Ammon, gouverna le royaume. Néchao, roi d'Égypte, déclare la guerre aux Hébreux, et Josias, fait prisonnier avec son fils, meurt en Égypte avec lui en 608. —L'Éternel, toujours bon envers un peuple ingrat, l'avait souvent averti de la punition terrible qu'il lui réservait.

Bien des prophètes avaient annoncé le châtiment des coupables, et parmi eux on distinguait Isaïe, Jérémie et Ézéchiel (1).

XVIII.—Nabuchodonosor II, en 606, s'empare de Jérusalem, où règne Joachim, frère de Joachas, et conduit les principaux juifs à Babylone. C'est alors que commencèrent les 70 années de captivité prédites par les prophètes. Joachim recouvre la liberté, moyennant un tribut; mais il ose se révolter. En 598, Nabuchodonosor rentre dans Jérusalem et fait conduire Joachim au supplice.—Jéchonias, qui le remplace, ne règne que 3 mois. Le roi de Babylone le jette dans les fers, et couronne Sédécias, frère d'Éliakim ou Joachim (2).

XIX. — Malgré les avis de Jérémie, Sédécias entre dans une ligue contre les Assyriens. Irrité contre les Juifs, Nabuchodonosor attaque leur capitale; vainement sa vengeance est un instant retardée par une diversion tentée par les Égyptiens. Après avoir détruit ces auxiliaires de Sédécias, le vainqueur prend Jérusalem, massacre les habitans et prive le roi de la vue; ensuite il traite les captifs

---

(1) Isaïe, qui, d'après l'Écriture, *est le premier dans l'ordre des prophètes, se peut aussi appeler, en toutes manières, le premier de tous*, était de naissance royale; il commença à prophétiser 785 ans avant Jésus-Christ, et ses prophéties eurent lieu pendant cent ans. Il parle clairement de J.-C. et de l'Église. Dieu lui apparut dans toute sa majesté, suivant le terme de saint Jean l'évangéliste, selon la tradition des Juifs et des saints Pères. Il mourut dans la persécution : le roi Manassès le fit scier entre deux planches. — Jérémie fut sanctifié dans le ventre de sa mère, et commença ses prédications à l'âge de 15 ans. Il eut plusieurs révélations sur les malheurs qui devaient arriver aux Hébreux; il les a exprimés dans ses *Lamentations* d'une manière pathétique. La liberté généreuse avec laquelle il reprenait les Juifs, le fit haïr et persécuter. Il eut pour fidèle compagnon Baruch. Jérémie fut lapidé en Égypte; ses prédications durèrent quarante-cinq années.

(2) Ézéchiel a prophétisé pendant vingt-deux ans; il fut des premiers qui furent transportés à Babylone avec le roi Jéchonias. Il a eu des visions très-mystérieuses et qui ont toujours paru si difficiles à développer, que, chez les Juifs, il était défendu de lire le commencement et la fin de ce prophète avant 30 ans.

avec douceur, leur permet les mariages entre eux, et leur donne des juges pour terminer leurs différends, d'après leur loi. Juda avait subsisté 375 ans. —962-587.

XX. —— Vainqueur de la Judée et de l'Égypte, Nabuchodonosor fit élever une statue d'or en l'honneur de Baal, et commanda de l'adorer. Trois jeunes hébreux s'y refusèrent; jetés dans une fournaise ardente, ils échappèrent à la mort par la main de Dieu. Le roi, étonné de ce miracle, défendit à ses sujets de profaner le nom du Dieu de Juda.

XXI. — Daniel, captif à l'âge de 12 ans, fut élevé dans le palais du vainqueur, et conserva sa vertu au milieu du culte des idoles. Inspiré de l'Esprit divin, il sauva Suzanne, condamnée par le peuple juif, et gagna la confiance du souverain, en interprétant ses songes. Ce prince, frappé de démence à cause de son orgueil, vécut ainsi pendant 7 années.——Daniel, pressé par Évilmérodac d'adorer Bel, s'y refusa. Jeté dans la fosse aux lions, il échappa miraculeusement à la mort (1).

XXII. — Sous le règne de Labinit ou Balthazar, l'empire de Babylone fut attaqué par les Mèdes et les Perses réunis. Daniel expliqua à Balthazar les trois mots qui annonçaient sa mort et la prise de sa capitale. Cyrus, après s'être emparé de l'Assyrie, accorda à Daniel la liberté des Hébreux; il rendit, la première année de son règne, en 536, un édit qui permettait au peuple juif de retourner à Jérusalem, pour y reconstruire son temple.

____

(1) Voir Coquerel : *Bibliogr. sacr.*

CINQUIÈME QUESTION.

Temps primitifs de l'Égypte (1). — Invasion des pasteurs. — Sésostris et ses successeurs jusqu'à la conquête de Cambyse.

QUESTIONNAIRE.

I. Quelle partie de l'Égypte fut d'abord habitée? — II. Qui envahit l'Égypte pour la première fois? — III. Par qui fut d'abord gouvernée l'Égypte? — Quel fut l, premier roi d'Égypte? — A quelle date remontent les premières inventions? — IV. Le trône resta-t-il héréditaire? — V. Qu'est-ce que l'invasion des rois pasteurs? — Qui les chassa d'Égypte après 260 ans? — VI. A quoi faut-il attribuer les premières émigrations égyptiennes? — VII. Qu'est-ce que Sésostris? — Donnez une idée de son règne. — VIII. Qui succéda à Sésostris? — L'Égypte commandée par 12 seigneurs. — IX. Que fit Psammitichus après son expulsion? — X. Quels furent les successeurs de Psammis, fils de Psammitichus? — XI. Quand l'Égypte passa-t-elle sous la domination persane?

I. — La Haute-Égypte fut la première habitée ; les peuples, arrêtés chaque année dans leurs projets d'établissemens fixes, par les inondations périodiques du Nil, se livraient à la pêche, à la chasse, et vivaient en nomades.

II. — Les Éthiopiens de Méroë entrèrent dans la Haute-Égypte, et y apportèrent leur religion et leurs mœurs ; mais ils condamnèrent les habitans à une éternelle dépendance. Les indigènes formèrent la *caste inférieure ;* les conquérans composèrent les *castes supérieures,* celles des prêtres et des guerriers.

III. — L'Égypte, bornée à la Thébaïde, fut d'abord gouvernée par les prêtres des divinités des premier et second ordres. La fondation de This (*Ptolémaïs*), d'Éléphantine, de Thèbes, remonte à cette époque, ainsi que la connaissance de l'agriculture, de l'écriture, de la musique et de l'astronomie. — Au gouvernement théocratique succéda celui des rois ; et Ménès, selon Hérodote, fut le premier qui régna en

---

(1) L'Égypte, bornée au nord par la mer Intérieure ; à l'ouest, par le désert qui la sépare de la Lybie ; au sud, par l'Éthiopie

Égypte (1). — Il gouverna la Thébaïde, commença les conquêtes des rois égyptiens sur le Nil, en dirigeant son cours, et jeta les fondemens de Memphis.

IV. — Après Ménès jusqu'à Mœris, vinrent 330 rois. Ces princes doivent être répartis entre 17 dynasties pleines et le commencement d'une dix-huitième, qui régnèrent *simultanément* (2). — Les uns continuèrent à gouverner Thèbes et les nomes de This, Éléphantine *(Gezirel-Azonan)*, Memphis *(Menf, village près des ruines de la ville)* ; les autres dominèrent sur les principautés nouvelles qui s'élevèrent dans l'Heptanomide et le Delta, à mesure que cette partie fut enlevée à la mer et exhaussée par les dépôts du Nil et les travaux des imitateurs de Ménès. — Le trône, héréditaire dans la première dynastie, devint électif après elle : on choisit pour roi, non plus le fils du prince régnant, mais celui qui avait rendu le plus de services au pays (3).

---

a l'est, par de hautes montagnes au-dessus de la mer Rouge, était partagée en trois parties : la Basse-Égypte ou Delta, au nord ; l'Égypte du milieu ou Heptanomide, au centre ; la Haute-Égypte ou Thébaïde, au sud. Chacune de ces divisions comprenait un certain nombre de subdivisions appelées nomes. —Des détails géographiques seront donnés dans la réponse aux questions de géographie.

(1) Hérodote; livre II, chap. 4, 5, 99. — Diodore; liv. Ier, 45. — Savary; lettre Ire. — Volney; chap. III, pages 36 et 42.

(2) Hérodote ; livre II, chap. 100 : « Les prêtres me lurent, dit cet historien, dans leurs *Annales,* les noms de trois cent trente rois qui régnèrent après Ménès, et me montrèrent trois cent quarante-cinq statues de bois appartenant aux grands-prêtres de Thèbes. » — D'après le système du chevalier Morsham, MM. Caix et Poirson, dans leur *Précis d'Histoire ancienne,* édition de 1831, disent que ces dix-sept dynasties vécurent et régnèrent simultanément, et s'appuient sur ce passage de Manethon rapporté par Josèphe : « Les rois de la Thébaïde » s'étant ligués avec *CEUX du reste de l'Égypte,* entrepri-» rent une longue guerre contre les rois pasteurs. » Il y avait donc à cette époque plusieurs royaumes en Égypte, dont les princes régnaient simultanément. (Caix et Poirson; p. 16 17, 18 et suiv.)

(3) Dans la liste de la *première* dynastie, telle que la rapporte Manethon, page 122, après le nom de chaque roi on trouve cette énonciation, *fils du précédent* : la même mention n'a

V. —L'Égypte avait déjà plusieurs siècles d'existence politique, quand des pasteurs arabes vinrent l'attaquer et s'emparèrent de l'Heptanomide et du Delta; ils se donnèrent un roi nommé Solatis, qui établit sa résidence à Memphis. Cinq autres rois, nommés généralement *Hycsos*, gouvernent les Arabes conquérans. *Mais les rois de la Thébaïde et ceux du reste de l'Égypte* se liguent; Touthmosis expulse les pasteurs, 260 ans après leur invasion. Tous les arts se sont emparés de cette expulsion des Arabes; elle se trouve représentée sur les murs d'un des temples de Thèbes.

— Le vainqueur des étrangers prépare la grandeur de sa nation. L'hérédité dans sa famille remplace l'élection. C'est parmi ces Pharaons, successeurs de Touthmosis, que se trouvent les constructeurs des monumens en Égypte : Mœris fait creuser le lac qui porte son nom; Achoris (ou Uchoréus) continue ses travaux, fortifie Memphis ; Osymandias, célèbre par son tombeau et sa bibliothèque, remporte une victoire sur les Bactriens.

VI. — Ramsès fait construire deux villes aux Hébreux. — Les persécutions exercées contre les peuplades qui résistent à la civilisation qu'on veut introduire, déterminent les émigrations de Cécrops et de Danaüs en Grèce, de 1643 à 1572.

VII. — Fils d'Aménophis, prince dont le manque d'énergie et la superstition ont rendu l'Égypte si malheureuse, Sésostris, appelé encore Séthos ou Ramsès-le-grand, ouvre la dix-neuvième dynastie, en 1643. Il partage l'Égypte en trente-six nomes ou provinces, équipe une flotte, et soumet l'Arabie, l'Éthiopie et la Lybie (1). — Il porte ensuite ses armes dans l'Asie du milieu jusqu'au Gange, dans la

---

plus lieu dans les dynasties suivantes. — On rapporte à cette période la construction de plusieurs monumens dans Memphis, les premières pyramides, la coupe des pierres, l'invention de l'anatomie et de la médecine, la rédaction de plusieurs ouvrages,

(1) La Lybie, bornée au nord par la mer Intérieure; à l'est,

Scythie, la Thrace, l'Asie mineure, la Colchide, où il laisse une colonie. De retour dans ses états, il emploie ses captifs à creuser des canaux, à élever des villes, et donne à chaque Égyptien une portion égale de terrain, moyennant une redevance annuelle. Il meurt après 33 ans de règne, selon quelques auteurs, et 59, selon d'autres.

VIII.— Phéron, fils de Sésostris, gouverne après lui. On voit lui succéder, mais à des intervalles considérables, Chéops, Chéphrem, qui élèvent deux pyramides; Sésac, qui fait la guerre avec avantage au roi de Juda. En 671, époque à peu près certaine, douze seigneurs se partagent la puissance.

IX. — Mais, bientôt, onze d'entre eux s'unissent contre le douzième, nommé Psammitichus, et le chassent. Celui-ci, soutenu par les Grecs de Carie (1), renverse ses compétiteurs, s'assure seul du trône, qu'il transmet à ses descendans. Après avoir administré sa conquête pendant trente-neuf ans, il meurt, et Néchao ou Néchos, son fils, hérite du sceptre glorieusement conquis par son père.

— Néchao, de 617 à 601, crée une grande puissance maritime, commence un canal de communication du Nil à la mer Rouge, et ordonne à des navigateurs phéniciens d'exécuter le périple ou voyage autour d'une partie de l'Afrique. En 609, Néchos, défait Josias, roi de Juda; mais il est vaincu, en 605, par Nabuchodonosor.

X. — Psammis, son fils, de 601 à 595, dirige une expédition en Éthiopie. Apriès, qui régna après

---

par l'Égypte et l'Éthiopie, dont la partie intérieure la bornait au sud; à l'ouest, par la Tripolitanie, était divisée en deux parties, Lybie maritime et Lybie intérieure. (Voir, pour les détails géographiques, les *réponses aux questions de Géographie,* du même auteur.)

(1) Les Cariens habitaient la Carie (*Anatolie*), située au sud de l'Ionie et de la Lybie; elle comprenait la Doride. Les villes principales étaient Miletus *ou* Milet (*Palutcha*), Halicarnassus (*Boudroun, château*), Gnidos *ou* Gnide (*Porto Genoveze, port génois*). — (Ansart; ouv. déjà cité, page 110 et suiv.)

lui, enleva Sidon aux Tyriens; mais, défait par les Cyrénéens, il voit ses sujets se prononcer contre ses conquêtes lointaines, le détrôner et placer Amasis à leur tête, malgré la bassesse de son extraction et ses antécédens (il avait été voleur dans sa jeunesse). Amasis entretient des relations commerciales avec les Grecs, auxquels il ouvre un libre accès dans ses états.

XI. — En mourant, il laisse la couronne à son fils Psammenit; mais celui-ci ne la garde que six mois. En 525, Cambyse II, roi de Perse, attaque l'Égypte, qu'il soumet à sa puissance.

SIXIÈME QUESTION.

Notions sommaires sur la religion, le gouvernement, la législation, les mœurs, les sciences, les arts et les monumens égyptiens.

QUESTIONNAIRE.

I. Quelle fut la première religion de l'Égypte? — II. Comment fut-elle modifiée? — III. Combien distingue-t-on de périodes de gouvernement? Quelle fut la forme de la première et de la deuxième période? — IV. Quelle fut la troisième? Quels étaient les pouvoirs des prêtres? Quelles étaient les occupations des guerriers? — V. Qu'était le peuple? Que devint l'ancien système politique pendant la quatrième période? — VI. Donnez une idée des lois égyptiennes. — VII. Quelles étaient les mœurs de l'Égypte? — VIII. Quelles étaient leurs connaissances dans les arts? Quelle écriture employaient-ils? — IX. Quels sont les monumens célèbres de l'Égypte?

I. — Les premiers habitans de l'Égypte, pêcheurs et pasteurs nomades, rendirent un culte aux astres, à la nature, aux animaux, dont ils personnifièrent les forces, les accidens, les oppositions, et dont ils révérèrent les produits (1).

---

(1) Les principales divinités égyptiennes étaient Osiris, le bœuf Apis, Isis; Thyphis, roi de la destruction; Nephtis, déesse de la stérilité. A ce culte ils joignirent celui des animaux utiles à la vie agricole; et, par crainte, celui des animaux nuisibles: ils révéraient aussi les plantes.

II. — Les étrangers venus d'Éthiopie y introdui-sirent une civilisation plus développée; ils ensei-gnèrent l'existence d'un Dieu unique et suprême, principe des divinités inférieures et de toutes choses. — Les prêtres égyptiens étaient les dépositaires de la science, de la religion et des lois.

III. — Le gouvernement changea entièrement de forme dans quatre périodes. — Dans la première, il fut entièrement théocratique. Après Ménès, qui commence la seconde, la théocratie fut remplacée par la royauté, qui, d'abord héréditaire, devint en-suite élective; mais l'influence des prêtres se con-serva : le roi n'était jamais qu'une de leurs créatures, à raison de l'importance numérique accordée à leurs votes (1).

IV. — Dans la troisième période, la monarchie devint héréditaire; mais les prêtres conservèrent autorité sur les rois : ils avaient le droit de censurer leur conduite et de diriger leurs actions. A cette époque, la nation était partagée en trois corps bien distincts : prêtres, guerriers et peuple. — Les prêtres, qui possédaient un tiers du territoire, rendaient la justice; leurs biens et leurs dignités étaient hérédi-taires ; ils pouvaient se marier. — Les guerriers fai-saient une étude constante de l'art militaire : comme celles des prêtres, leurs propriétés ne payaient au-cune redevance à l'état.

V. — En aucun temps le peuple égyptien n'eut de droits politiques; livré aux arts mécaniques, il exé-cuta, d'abord seul, et ensuite aidé par les Hébreux, les prodigieuses constructions de luxe et d'utilité publique. — Quoique Sésostris eût amélioré le sort du peuple, cependant personne ne pouvait changer la profession à laquelle sa naissance le condamnait. Pour tenir le peuple dans ce continuel abaissement,

---

(1) Platon (*In Polit.*, t. II, p. 282) : « Quand, par hasard, » un homme d'une autre caste que celle des prêtres obtenait la » couronne, il fallait qu'il se fît recevoir dans l'ordre sacer-» dotal. »

la science était cachée sous les caractères hiéro-
glyphiques; l'instruction, même élémentaire, était
restreinte à un petit nombre. — Dans la quatrième
période, les prêtres perdirent leur influence.

VI. — Parmi les lois égyptiennes, on remarque
celle qui punissait de mort le meurtre volontaire,
même celui d'un esclave; et l'ordre donné à tous
les habitans de venir, chaque année, rendre compte
de leurs moyens d'existence. — Les rois rendaient
d'abord eux-mêmes la justice; ensuite, il y eut un
tribunal suprême composé de trente juges, dont
dix de Thèbes, dix de Memphis, et dix d'Héliopolis.
Les parties plaidaient leur cause par écrit, afin que
l'éloquence ne séduisît pas les juges.

VII. — Quant aux mœurs : les mères allaitaient
leurs enfans, qui tous, même ceux des esclaves,
naissaient libres. La polygamie était tolérée, et la
vieillesse entourée de respect. Les Égyptiens, même
les rois, étaient soumis, après leur mort, à un jugement. La croyance à la métempsycose intro-
duisit la coutume des tombeaux somptueux. Sans
cesse préoccupés de l'idée de leur mort, un squelette
était toujours suspendu, même dans les salles de
festin.

VIII. — Les Égyptiens connurent tous les arts,
s'y livrèrent et en poussèrent quelques-uns à un
rare degré de perfectionnement. Avec l'architecture,
la peinture, la musique, ils cultivèrent les arts utiles;
ils tissaient la laine, la teignaient; fondaient et cise-
laient les métaux. — On ne trouve chez eux aucune
trace de littérature; mais leurs progrès dans les
sciences exactes remontent à la plus haute antiquité.
La géométrie, l'arithmétique, leur étaient connues;
ils cultivèrent avec fruit l'astronomie, et eurent des
notions certaines sur l'année solaire, 1325 ans avant
Jésus-Christ. Ils employaient une écriture emblé-
matique ou hiéroglyphique, qui n'était pas celle à
l'usage du peuple.

IX. — Les monumens les plus célèbres de l'Égypte
sont : l'Enceinte, les Tombeaux, les Temples de

Thèbes, le temple de Tentyra *(Denderah)* (1), le colosse de Memnon, les Pyramides, les Obélisques, le Labyrinthe, le lac Mœris, Saïs, Héliopolis, le Temple du Soleil, les canaux du Nil, et le canal de jonction entre la mer Rouge et le Nil, commencé par Néchao.

SEPTIÈME QUESTION.

Révolutions dans la Haute-Asie, avant Cyrus. — Histoire des deux empires de Babylone et de Ninive. — Religion et civilisation des Assyriens.

QUESTIONNAIRE.

I. Combien compte-t-on de révolutions avant Cyrus? — II. Comment explique-t-on ces révolutions? — III. Quelle est la version des livres juifs sur Babylone et Ninive? — IV. Quel fut le premier roi d'Assyrie? — V. Quel fut le successeur de Sémiramis? — VI. Racontez l'histoire de Sardanapale. — Quelle fut la fin du premier empire Assyrien? — VII. Quel partage fit Arbacés? — VIII. Quelle fut l'histoire de Babylone jusqu'à Nabopolassar? — IX. Quels furent les rois de Ninive? — X. Comment mourut Sarac? — Qu'arriva-t-il à sa mort? — XI. Que fit Nabuchodonosor II? — XII. Que devint l'Assyrie après la mort de Nabuchodonosor? — XIII. Quelle était la religion des Assyriens? — XIV. Donnez une idée du gouvernement, des coutumes et des connaissances de ces peuples.

I. — Depuis les temps les plus reculés jusqu'au règne de Cyrus, on ne compte pas moins de dix grandes révolutions dans la Haute-Asie. Tour à tour les Babyloniens, les Assyriens, les Arabes, les Mèdes, et enfin les Perses fondent des empires, les détrônisent, augmentent leur puissance dans la Haute-Asie, et la voient restreinte dans l'Asie-Mineure (2).

---

(1) Le zodiaque de Denderah est aujourd'hui à Paris. — Voir, pour cette question, Volney, Denon, Savary : *Travaux de l'Institut d'Égypte.* (Bibliothèque de Montpellier.)

(2) L'Asie était bornée à l'ouest par le Tanaïs, le Pont-Euxin, le Bosphore de Thrace, la Propontide, l'Hellespont, la mer Égée, la mer Intérieure, le Nil et le golfe Arabique; au sud, par la mer Intérieure et l'océan Indien. Les anciens ne connaissaient pas ses bornes au nord et à l'est. L'Asie ancienne renfermait vingt-cinq contrées principales.

II. — La rapidité de ces révolutions se trouve expliquée par l'état physique du pays et la forme du gouvernement.—La mollesse des souverains, leur incapacité, accéléraient la décadence de l'empire, qui bientôt s'écroulait et se voyait remplacé par un autre, destiné à subir les mêmes chances de prospérité et de ruine (1).

III. — La Genèse place à la cinquième génération après le déluge, les commencemens des royaumes de la Haute-Asie. Nemrod, construit Babylone et trois autres villes ou bourgades en Mésopotamie; tandis qu'Assur, petit-fils de Sem, jette les fondemens de Ninive, sur le Tigre (2). — Les Arabes profitèrent de l'inexpérience des Babyloniens dans l'art de la guerre et les soumirent. Mais les Ninivites, que le malheur de Babylone avait mis sur leur garde, attaquèrent les Arabes, et un de leurs rois, nommé Bélus, chassa les dominateurs de la Chaldée ou Babylonie.—Le vainqueur des Arabes réunit sous sa puissance Babylone et Ninive, et prépara la grandeur du premier empire Assyrien.

IV. — Ninus, fils de Bélus, agrandit Ninive en

L'Asie-Mineure se composait de toute la presqu'île nommée aujourd'hui Anatolie, bornée à l'est par le mont Amanus et l'Euphrate, une des branches du Taurus qui la séparait de l'Arménie et de la Syrie.

L'Asie-Mineure comprenait douze provinces, dont trois à l'ouest, Mysa, Lydie, Carie; trois au nord, Bithynie, Paphlagonie et le Pont; trois au centre, la Phrygie avec la Laconie, la Lycaonie, la Galatie, la Cappadoce; trois au sud, la Lycie, la Pamphilie et la Cilicie.

Pour plus de détails, voir les *réponses aux questions de Géographie du programme*, par le même auteur.

(1) Voir Montesquieu; *Esprit des Lois*, liv. XVII, ch. 3, 4. —Heeren; *Idées sur la politique et le commerce des peuples anciens*, tome Ier, page 67 et suiv.

(2) Babylonia (la Babylonie), appelée aussi Chaldée, surtout dans la partie méridionale (*Irak-Arabi*), avait, au nord, la Mésopotamie et l'Assyrie; à l'ouest, l'Arabie-Déserte; le golfe Persique au sud, et à l'est, touchait la Suziane.

Assyria ou Assyrie propre (*Kurdistan*), avait, au nord, l'Arménie; à l'ouest, la Mésopotamie; au sud, la Babylonie; à l'est, la Médie. — Voir *Questions de Géographie.*

1968, et lui donne son nom. Il impose un tribut à l'Arménie, et défait le roi des Mèdes, qu'il met en croix avec ses sept enfans. Allié avec les Arabes, il s'empare de la Cœlésyrie, de l'Asie-Mineure, et assiège Bastus, capitale des Bactriens, qui renferme de riches trésors. La femme d'un de ses officiers, Sémiramis, lui donne des conseils pour s'emparer de cette ville importante. Ninus, reconnaissant, épouse Sémiramis après la conquête (1). En 1916, la veuve de Ninus monte sur le trône, augmente ses conquêtes, agrandit Babylone; elle construit ces édifices admirables qui frappèrent d'étonnement, 1600 ans plus tard, l'armée d'Alexandre : elle mourut, dit-on, empoisonnée par son fils Ninias.

V. — Ce prince commence une longue suite de rois voluptueux et inappliqués (1874), dont l'histoire n'a pas daigné conserver la mémoire, à l'exception d'un seul qui surpassa tous ses prédécesseurs en faiblesse. Tonos Concoleros, que les Grecs nomment Sardanapale, fut le dernier de la dynastie de Ninias.

VI. — Bélésis, prêtre chaldéen, résolut de délivrer sa patrie du joug de ces princes énervés. Il s'associe avec Arbacès, gouverneur de Médie. Plongé dans les plaisirs, Sardanapale ignora ce complot, et ne se réveilla qu'au moment du danger. Mais il soutint l'attaque en homme de courage : les révoltés furent vaincus dans deux batailles. Une armée de Bactriens qui arrivait au secours du roi, fut gagnée par Arbacès et Bélésis. Sardanapale s'enferma dans Ninive, où il se brûla avec ses trésors et ses femmes, pour éviter de tomber entre les mains des vainqueurs. — Ainsi finit le premier empire Assyrien, nommé par quelques historiens *empire intégral.*

----

(1) Bactriane : la Bactriane proprement dite (*Tokuristan*), au sud de la Sogdiane, avait pour villes principales : Bactra ou Zariaspa (*Balk*), capitale dont Ninus s'empara par les conseils de Sémiramis ; — Alexandria ou Antiochia, où furent gardés les prisonniers romains que les Parthes firent à la défaite de Crassus.

(Ansart ; ouv. déjà cité, page 138.)

VII. —Arbacès, avec son épée victorieuse, partagea sa conquête en trois grands royaumes ; il garda pour lui la Médie, mais avec une espèce de suzeraineté sur Babylone et Ninive.

VIII. — Ces deux empires parvinrent à secouer le joug des Mèdes. Les prêtres chaldéens dominèrent à Babylone, où onze rois sans talent passèrent sur le trône dans l'espace de 80 ans : un seul d'entre eux, Nabonassar (747), mérite d'être mentionné, à cause de l'ère qui porte son nom. Babylone passa sous la domination des Assyriens, en 680, et resta soumise jusqu'à ce que Nabopolassar, gouverneur de la province pour Sarac, dernier roi de Ninive, leva l'étendard de la révolte.

IX. — Après la mort de Sardanapale, Ninive eut sept rois particuliers. En 739, Phul ; 742, Tegloth-Phalasar. Ces princes, d'abord réduits au seul territoire de l'Assyrie proprement dite, attaquèrent successivement la Syrie, Israël et Juda. En 735, Téglath-Phalasar, Sennachérib et Assar-Haddon, de 710 à 680, incorporent la Syrie à leurs états. Salmanasar essaya vainement de soumettre Tyr. Plus heureux en Palestine, il s'empare de Samarie, et emmena Osée en captivité. Sennachérib prélude à la destruction de Juda, et Assar-Haddon fait prisonnier Manassès. Nabuchodonosor Ier, après avoir remporté plusieurs victoires sur les Mèdes, envoya son général Holopherne ravager Tyr et Sidon ; mais vaincu par Cyaxare, roi de Médie, il fut assiégé à son tour dans Ninive.

X. — Sarac, son successeur, se rendit méprisable par sa mollesse : les Scythes vinrent ravager son empire. Nabopolassar, gouverneur de Babylone, prit les armes contre son souverain, le battit et le contraignit à se donner la mort, en 625. Battu par Néchao, roi d'Égypte, il perdit la ville de Cacchemis. La Syrie et la Palestine secouèrent le joug ; alors Nabopolassar céda le trône à son fils Nabuchodonosor II, en 605.

XI. —Avide de gloire, le roi d'Assyrie commence

par combattre les Égyptiens; Néchao est vaincu, Jérusalem tombe deux fois en son pouvoir, et les Juifs, après la destruction de leur temple et de leur capitale, vont expier, pendant 70 années de captivité, leur ingratitude envers Dieu. Tyr est soumise après un siége de 11 ans; les Sydoniens, les Ammonites et les Iduméens, en 572, sont rendus tributaires. Vers la fin de sa vie, Nabuchodonosor est atteint d'une espèce de démence, et la reine Nitocris administre pendant la maladie de son époux.

XII. — Les indignes successeurs de Nabuchodonosor laissent l'état s'affaiblir jusqu'à ce qu'il tombe sous la domination persane. Évilmérodac meurt assassiné, en 560. Nériglissor, son successeur, périt dans une bataille contre les Mèdes, en 555, et Laborosoarchod, détrôné par ses sujets, se voit remplacé par Labynit (ou Nabonid), que l'Écriture nomme Balthazar. Ce dernier chef des Assyriens entre dans une ligue formée par les Lydiens et les Égyptiens contre les Perses, et périt à la prise de Babylone, en 536, quand Cyrus, vainqueur de Crésus à Thymbrée, entre dans la capitale de l'Assyrie.

XIII. — La religion des Assyriens, semblable à celle de l'Égypte, consistait dans le culte de la nature et des astres. L'adoration des astres les conduisit à l'astrologie judiciaire. Les éclipses, les tremblemens de terre, les apparitions des comètes étaient, pour les hommes, des avertissemens que les prêtres se chargeaient d'expliquer.

XIV. — La royauté chez les Assyriens était absolue, et les prêtres avaient une influence considérable sur le gouvernement. La médecine était pratiquée d'une manière singulière (1). — L'observation conti-

---

(1) Les malades étaient exposés aux regards des passans, que l'on consultait pour savoir s'ils avaient été atteints des mêmes maux, et indiquer les remèdes au moyen desquels ils avaient été guéris. Les observations étaient consignées dans un tableau placé dans le temple du dieu de la médecine : Hippocrate fit transcrire ce tableau, et en profita.

nuelle des astres leur fit découvrir de bonne heure l'année solaire de 365 jours. — Les constructions admirables de l'Assyrie prouvent leurs progrès en architecture. Ils savaient tisser les laines et y mêler les métaux. La dorure sur bois, l'art de fondre l'or, l'argent, de les ciseler, leur étaient aussi connus. Ils faisaient un commerce actif avec leurs voisins. La polygamie était permise. Les corps morts étaient confiés à la terre.

HUITIÈME QUESTION.

La Lydie sous les Atyades, les Héraclides, les Mermnades, jusqu'à la fin du règne de Crésus.

QUESTIONNAIRE.

I. Qu'est-ce que la Lydie ? Combien y eut-il de dynasties ? — II. Quel fut le nom de la première dynastie ? — III. Quelle fut l'émigration qui eut lieu sous le règne d'Atys ? — IV. Quels sont les successeurs d'Atys ? — V. De qui provenaient les Héraclides ? — VI. Qui fut le premier roi Héraclide ? — VII. Racontez le règne de Gygès. — En quelle année usurpa-t-il la couronne ? — VIII. Qui succéda à Gygès ? Quelle fut la cause de la guerre entre Alyatte et les Mèdes ? — IX. Qui succéda à Alyatte ? — X. Pourquoi Crésus déclara-t-il la guerre aux Mèdes ? — XI. Quelles furent les conséquences de la bataille de Thymbrée ?

I. — La Lydie fut long-temps un des royaumes les plus puissans de l'Asie-Mineure (1). Les écrivains modernes s'accordent avec ceux de l'antiquité sur l'existence de trois dynasties dans cette monarchie.

II. — La première porte le nom des Atyades, du nom d'Atys, qui vivait 1567 ans avant J.-C., et

---

(1) La Lydie (*Anatolie*), au sud de la Mysie et de l'Éolie, est une des parties de l'Asie-Mineure; elle avait toute sa côte occidentale occupée par des colonies ioniennes, qui firent donner à cette partie le nom d'Ionie.

Elle renfermait le mont Micale (*Samsoun*), le mont Tmolus (*Bouz-Dag*), et était arrosée par le Pactole et le Caïstre (*Carazou*).

Les villes principales de l'Ionie étaient Phocæa ou Phocée (*Foilleri*), sur le golfe de Cumes; Smyrna (*Smyrne* ou *Ismir*),

pendant le règne duquel la famine vint désoler le pays.

III. — Le monarque partagea son peuple en deux parties, et laissa émigrer la seconde, qui, sous la conduite de Thyrénus, son frère ou son fils, alla s'établir en Italie, et ces colons furent appelés Thyrénéens ou Étrusques (1).

IV. — Après Atys on trouve Lydus, Alcinius, Tmolus, à la mort duquel les seigneurs donnèrent la couronne à sa fille Omphale, qui fut aimée d'Hercule. Cette princesse eut un fils du vainqueur de Némée, et cet enfant, nommé Alcée, ou Agélaüs, ou Lamon, est regardé comme la tige des Mermnades.

V. — Les Héraclides, qui occupèrent cinq cents ans la Lydie, tiraient leur origine d'un autre fils d'Hercule et de Malis, esclave d'Omphale.

VI. — On est incertain sur les causes qui ont amené la destruction des Atyades et l'avènement des Héraclides. Le royaume de Lydie avait en lui les mêmes principes de destruction que les autres empires de l'Asie. Les Atyades voyaient chaque jour leur puissance s'affaiblir ; il se forma contre eux des conjurations qu'ils n'eurent point la force de réprimer. — 1219. — Agron, à la faveur des guerres civiles qui déchiraient l'Asie, chassa les Atyades, et fit légitimer son usurpation par les oracles qu'il gagna. Pendant cinq cents ans les Héraclides, dont il était le chef, gouvernèrent la Lydie ; mais l'histoire n'a gardé le souvenir que de la durée de cette période. Les

---

patrie de Bion ; près de là se trouve le lac Mélès, sur les bords duquel on prétend que naquit Homère, d'où lui vient le surnom de Mélésigènes ; Ephesus (*Éphése* ou *Fasoulouk*).

Les villes de Lydie étaient Magnésia Sypili (*Magnisa*), d'où l'on tira le premier aimant, appelé de là *Magnès* ; Sardes (*Sart*), capitale de Crésus. (Ansart ; édition 1832, page 108 et suivantes.)

(1) Voir Caix et Poirson, édition 1831, page 87 et suiv. — *Tableaux chronologiques d'Histoire ancienne,* de Thouret, édition 1825.

noms des quatre derniers princes, Ardys, Alyatte, Melès et Candaule, sont seuls venus jusqu'à nous.

VII. — Gygès, favori (d'autres écrivains disent berger de Candaule), se révolta contre son maître, en 708. Aidé par l'épouse du roi, il le fit périr et s'empara de la couronne. Il fut le fondateur de la troisième race, celle des Mermnades : on ignore l'origine de ce dernier nom. — L'oracle de Delphes, corrompu par des présens, consacra son usurpation, et Gygès se montra digne du trône-

VIII. — Après avoir administré la Lydie pendant 38 ans, l'usurpateur cède la couronne, en mourant, à son fils Sardys, qui combat les Ioniens, prend la ville de Priène et fait plusieurs irruptions sur le territoire de Milet. De 670 à 621, Ardys et Sadyatte combattent sans interruption contre les Milésiens. Alyatte, en 617, se voit attaqué par les Mèdes ; une guerre sanglante s'engage entre les deux peuples, et dure cinq années. Au moment d'un combat, une éclipse de soleil changea le jour en une nuit profonde. Les deux armées, effrayées de ce prodige, s'arrêtèrent, et l'on conclut la paix, en 601 (20 sept.).

IX. — Vers 560, Crésus, fils d'Alyatte, hérite du sceptre de son père ; il attaque les Grecs de l'Asie-Mineure, auxquels il impose un tribut, sans changer la forme de leur gouvernement. De retour à Sardes, sa capitale, il fait fleurir les arts et les sciences, appelle les savans à sa cour. Hérodote raconte un entretien de ce prince avec Solon.

X. — Cependant, vers 556, effrayé de la puissance des Mèdes, Crésus songe au moyen d'en arrêter le cours. Il sollicite l'alliance des Assyriens. et marche en Médie où une première rencontre a lieu dans la Ptérie ; mais aucune des deux armées ne peut s'attribuer la victoire.

XI. — Cyrus, qui commande les forces réunies des Perses et des Mèdes, joint son adversaire dans les plaines de Thymbrée, en Lydie ; Crésus est battu et se réfugie dans Sardes, où son vainqueur

vient bientôt l'assiéger. La ville tombe au pouvoir
des Mèdes, et Cyrus traite avec générosité le prince
captif (1). La Lydie fut soumise à la Perse jusqu'à
l'expédition d'Alexandre.

NEUVIÈME QUESTION.

**Des Mèdes (2), depuis Arbacès. — Empire des Perses; son
histoire et ses limites sous Cyrus, Cambyse et Darius Ier.
— Notions sommaires sur la religion, le gouvernement,
les mœurs et les coutumes des Perses.**

QUESTIONNAIRE.

I. Quel fut le premier roi des Mèdes? — II. Qu'arriva-t-il à la mort d'Arbacès? —
III. Quel fut le successeur de Déjocès? — IV. Quelles furent les conquêtes de Cyaxare?
— IV. Astyage. — A qui donna-t-il sa fille? — V. Quelle lutte s'engagea en Asie?—
VI. Que fit Cyrus après la prise de Babylone? — VII. Comment mourut-il? — VIII. Qui
lui succéda? — Qu'arriva-t-il en l'absence de Cambyse? — IX. Combien régna le mage
Smerdis? — X. Que fit Darius quand il fut maître du trône? — XI. Quelle fut la
religion des Perses? — XII. Forme du gouvernement. — XIII. Comment la justice était-
elle rendue? — Comment la nation était-elle divisée?

---

1. — Arbacès, après sa victoire sur Sardanapale,
divisa la monarchie assyrienne en trois royaumes,
759 avant J.-C. — Souverain absolu du pays qu'il

---

(1) Hérodote raconte que Solon alla visiter la cour de Crésus,
et fut accueilli avec distinction par ce prince, qui lui vanta son
bonheur. Le sage lui répondit que la Fortune était inconstante.
Le roi demanda quel malheur pouvait atteindre un monarque
aussi puissant. Lorsque Cyrus se fut emparé de Sardes, le même
historien rapporte que le vainqueur donna l'ordre de faire périr
sur le bûcher le roi, qui déjà avait échappé à la mort par le cri
de son fils, qui recouvra la parole pour avertir un soldat *de ne
pas tuer Crésus*. Au moment du supplice, le malheureux souverain se rappela les paroles du législateur d'Athènes, et appela
trois fois Solon. Cyrus, qui assistait aux derniers momens de
son captif, s'étonna de cette exclamation dont il demanda le
sens; il lui fut donné, et le vainqueur, touché, accorda la vie au
Lydien.

(2) La Médie *(Irak-Adjémi)* était bornée au nord par l'Arménie et la mer Caspienne; à l'ouest, par l'Assyrie; au sud,

administrait autrefois comme satrape, il ne songea point à donner des lois au peuple qui pliait sous sa volonté. A sa mort, les habitans élurent pour roi Déjocès, qui publia un code, rassembla dans des villes les tribus errantes, et construisit Ecbatane (*Hamadan*), dont il fit sa capitale.

II. — Phraorte, fils et successeur de Déjocès, régna en 690. Les conquêtes qu'il avait faites en Asie-Mineure et dans la Haute-Asie, furent perdues après la défaite que lui fit éprouver Nabuchodonosor Ier, en 655.

III. — Mais Cyaxare, voulant venger son père, alla mettre le siége devant Ninive. Une irruption des Scythes sortis des Palus-Méotides, arrêta le cours de ses exploits : 28 années furent employées pour chasser ces étrangers. Après leur expulsion, il soutint Nabopolassar, gouverneur de Babylone, dans sa révolte contre Sarac, et Ninive tomba sous ses coups, en 625. Le belliqueux roi des Mèdes combattit ensuite 6 années contre Alyatte, qui régnait en Lydie.

IV. — Astiage hérita du trône, en 595. Ce prince, en mariant à Cambyse, roi de Perse et son tributaire, sa fille Mandane, qui devint mère de Cyrus, prépara la réunion des Mèdes et des Perses, et la grandeur de cette monarchie qui devait soumettre presque toute l'Asie (1).

V. — Crésus, effrayé de la puissance des Mèdes, s'unit aux Assyriens. Cyrus, à la tête d'une armée

---

par la Susiane et la Perse propre; à l'est, par l'Hyrcanie. Elle se divisait en deux parties, l'une occidentale et l'autre orientale. —Villes principales : Ecbatane (*Hamadan*), Ragæ (*Rat*), Hecatum-Pylos (*Damghak*), Ecbatana-Magorum (*Guerden*). (Ansart; édition 1832, page 133 et suiv.)

(1) La Perse propre (*Farsistan*) n'était qu'une province du grand empire de Cyrus. Elle était bornée au nord par la Médie; à l'ouest, par la Susiane; au sud, par le golfe Persique, et à l'est, par la Caramanie. Les villes principales étaient Persepolis (*ruines près de Chiras*), où l'on trouve des débris appelés *Tchil-Midar* ou les quarante colonnes; Passagrada ou Passagarda (*Pasa*), qui renfermait le tombeau de Cyrus. (Ansart; édition 1832, page 134 et suiv.)

qui compte 5o,ooo Perses dans ses rangs, marche contre eux, et défait Nériglissor, en 655. Crésus, vaincu à Thymbrée, perd son royaume et la liberté. Les villes d'Ionie sont réduites par Harpagus, lieutenant du roi de Perse, qui, après avoir soumis la Syrie et une partie de l'Arabie, entreprend le siége de Babylone. — Labynit, ou Balthazar, ne se réveilla du sommeil léthargique où l'avaient plongé les plaisirs, qu'au bruit de son palais s'écroulant sous les efforts des Perses, qui avaient pénétré dans Babylone en détournant le cours de l'Euphrate. — 536.

VI. — Le vainqueur rendit la liberté aux Juifs, régla les différentes parties de son gouvernement, et institua les postes. Son immense empire fut partagé en 120 provinces. Il renfermait la Perse, la Médie, l'Assyrie, l'Arabie, la Syrie, la Cappadoce, les deux Phrygies, la Lydie, la Carie, la Phénicie, la Cilicie et la Paphlagonie.

VII. — Selon Xénophon, la mort surprit ce puissant souverain au milieu des occupations que lui donnait l'administration de ses vastes états. D'après Hérodote, il mourut dans une embuscade dressée par Tomyris, reine des Messagettes, auxquels il faisait la guerre. — 53o.

VIII. — Cambyse II, l'aîné des deux fils de Cyrus, lui succéda. A peine maître du trône, il songea à soumettre l'Égypte, et partit à la tête d'une armée formidable. Péluse tomba en son pouvoir, ainsi que Memphis (1) : Psamménit et son fils furent envoyés au supplice. — Vainqueur, il se dirigea vers l'Éthiopie ; mais les chaleurs, le manque de vivres et les maladies décimèrent son armée. — Pendant qu'il se livrait aux fureurs que lui causait la non réussite de

---

(1) On prétend qu'au siége de Péluse, Cambyse, connaissant la vénération des Égyptiens pour les chats, fit précéder son armée d'une troupe nombreuse de ces animaux. Les assiégés, n'osant pas lancer leurs traits sur ces objets de leur vénération, laissèrent arriver l'ennemi aux pieds de leurs remparts et lui livrèrent la ville.

son expédition en Éthiopie, le chef des mages, profitant de la ressemblance d'un jeune homme de son ordre avec Smerdis, frère de Cambyse, lui plaça la couronne sur la tête. A cette nouvelle, le roi, furieux, voulut aller punir l'usurpateur; mais s'étant blessé avec son épée, au moment où il montait à cheval, il mourut des suites de cet accident. — 522.

IX. — Smerdis le mage occupa huit mois le trône; mais la ruse fut découverte. Sept seigneurs formèrent une conjuration; le palais fut attaqué, et tous les mages périrent, ainsi que le roi qu'ils avaient imposé à la Perse. L'anniversaire de ce jour, nommé *Magophonie*, devint une des plus grandes fêtes du pays. Les conjurés délibérèrent sur la forme du gouvernement à adopter dans cette circonstance : la monarchie prévalut, et Darius, fils d'Hystaspe, obtint le sceptre par l'adresse de son écuyer (1).

X. — Après quelques actes de vigueur pour affermir son autorité, Darius Ier vit Babylone se révolter. Vingt mois de siége n'avaient point affaibli la résistance des rebelles : le dévouement de Zopyre, qui se mutila pour gagner la confiance des assiégés, lui ouvrit les portes de Babylone : 3,000 habitans furent envoyés au supplice, et la place fut démantelée. — Le roi marcha ensuite contre les Scythes, qui le contraignirent à revenir sur ses pas. Darius ne dut son salut qu'à Hystiée, de Milet, qui conserva le pont sur l'Ister, malgré les conseils de Miltiade, d'Athènes.— Pour oublier le chagrin que lui causait l'insuccès de sa tentative sur les Scythes, il attaqua l'Inde, qu'il soumit. Un célèbre navigateur carien, nommé Scylax, avait exploré le pays avant que le roi l'attaquât. —Bientôt la révolte de l'Ionie et les prières d'Hippias l'engagèrent à attaquer la Grèce, en 504.

XI. — Les élémens, les astres, et principalement le soleil et la lune, furent d'abord adorés par

---

1) Tout le monde connaît l'épisode où est raconté comment Darius obtint la couronne.

Perses. Vers 589 avant J.-C., Zoroastre apporta en Médie un nouveau système religieux qu'il communiqua aux castes supérieures. — La religion *médopersique* ou *magisme* établissait pour dogme l'existence d'un Être-Suprême, père de deux germes, ceux du bien et du mal; le premier nommé Ormuzd ou Oromaze; le second Ahriman : une lutte incessante existait entre ces deux génies. Les hommes, après leur mort, étaient soumis au jugement d'Oromaze. La résurrection avait lieu à la fin du monde ; et, après l'expiation, toutes les créatures se réunissaient auprès de l'Éternel.

XII.—Le gouvernement était d'abord une monarchie absolue, puis tempérée, sous Darius, par un conseil-d'état; sous ses successeurs, la puissance royale fut contre-balancée par la puissance des satrapes.

XIII. — Les rois rendaient la justice par eux-mêmes dans les affaires les plus graves; les autres étaient réglées par les juges royaux, dont les prévarications étaient punies du supplice le plus cruel (1). — La nation se partageait en quatre classes : les enfans, les jeunes gens, les hommes et les vieillards. Une éducation toute guerrière était donnée à la jeunesse. La frugalité des premiers Perses était passée en proverbe. Les armées se composaient de quatre corps, à la tête desquels se trouvaient les *immortels*, troupe de dix mille hommes choisis parmi les plus braves. — Les enfans des rois suivaient les mêmes exercices que les autres jeunes gens; seulement, quatre vieillards les instruisaient dans la religion et la science du gouvernement (2).

---

(1) Cambyse fit écorcher un juge prévaricateur, fit recouvrir le siège avec la peau du condamné, et nomma le fils du coupable pour lui succéder.

(2) Voir, pour plus de détails, Xénophon, *Cyropédie.* — Hérodote, liv. Ier, chap. 71, page 332 et suiv.

DIXIÈME QUESTION.

Temps primitifs et colonisation de la Grèce. — Des Pélasges et des Hellènes. — Temps héroïques. — Révolution opérée par l'invasion des Doriens et le retour des Héraclides. — Homère.

QUESTIONNAIRE.

I. — Quelles étaient les premières peuplades de la Grèce? — Quels établissemens formèrent les Pélasges? — II. A quelle époque remonte la fondation d'Argos? — Qu'arriva-t-il en Grèce du temps d'Ogygès? — Quand Cécrops vint-il en Attique? — A quelle époque eut lieu le déluge de Deucalion? — Quand fut institué le conseil Amphictyonique? — IV. Par qui la Béotie et la Laconie furent-elles occupées? — Qu'est-ce que l'élops? — Quels furent les résultats de l'établissement des colonies étrangères en Grèce? — V. Comment se divisait le peuple hellène? — VI. Quels furent les progrès des Grecs dans les arts? — VII. Quels sont les principaux événemens des temps héroïques? — VIII. Quelles furent les révolutions opérées par le retour des Héraclides et l'invasion des Doriens? — IX. Qu'est-ce qu'Homère?

I. — Trois peuplades remontent aux premiers âges de la Grèce, et vivaient, dès ce temps, simultanément et concurremment dans le pays; c'étaient : 1° les *Graïci* ou *Hellènes;* 2° les *Lelèges* et *Curètes;* 3° les *Pélasges.* Mais la population dominante fut celle des Pélasges : leur nom prévalut; aussi la civilisation grecque, dans la première période, fut-elle dite *pélasgique* (1). Venus sans doute de l'orient par le nord, les Pélasges formèrent leurs principaux établissemens en Grèce, du xx° au xvi° siècle avant J.-C. Les indigènes vivaient à l'état sauvage; ils avaient pourtant une religion pure de superstition, et des idées sublimes sur Dieu. Plus tard, le polythéisme remplaça le déisme, quand les rapports avec la Phénicie, l'Égypte et la Lybie furent plus fréquens.

II. — En 1868, Argos fut fondée par Inachus ou Phoronée, qui réunit les hommes en société et leur donna des lois. Autour de la ville *phoronique* s'élevèrent Mycène, Hermione, Mégare, Sycione et Pallène : cette dernière ville était bâtie dans l'Ægialus (Achaïe). — A la même époque, Pélasgus habitait

---

(1) Voir Caïx et Poirson; ouvrage déjà cité.

l'Arcadie ; Sparton, fils de Phoronée, bâtissait Sparte, et Ogygès, qui gouvernait en Béotie, envahissait et colonisait l'Attique, où il fonda Éleusis. La fin du règne d'Ogygès est remarquable par un déluge suivi de contagion : presque toute la population succomba ; les Pélasges repeuplèrent la contrée. — Les Pélasges peuplèrent encore la Thessalie, lorsqu'un tremblement de terre eut séparé l'Ossa et l'Olympe, et facilité l'écoulement des eaux : le nom de Larissa indique leur présence dans ce pays.

III. — Une colonie égyptienne fut conduite en Attique. La civilisation orientale allait remplacer la civilisation pélasgique. Cécrops, en 1645, construit douze bourgades dont Athènes devait être la capitale. Il enseigne l'agriculture que Triptolème perfectionne. Le culte de Jupiter, de Minerve, est institué : Neptune, Jupiter, dieux lybiens et égyptiens, détrônent Saturne.—Cette civilisation fait de rapides progrès sous les successeurs de Cécrops. Au temps de Cranaüs, une inondation connue sous le nom de *Déluge de Deucalion*, engloutit une partie de la population de la Grèce : l'Attique en fut préservée, car Deucalion, roi de Thessalie, vint (d'après les marbres de Paros) à Athènes, pour remercier Jupiter. —Vers 1580, les Thraces menacent la Grèce ; Amphictyon, fils de Deucalion, pour fermer le pays aux envahisseurs, rassemble les peuples voisins des Thermopyles, pour les engager à s'unir pour la défense du pays et de la religion : ce fut là l'origine du conseil amphictyonique. Après, Amphictyon, Érichthonius, Pandion et Érychtée établissent le culte de Cérès, les fêtes religieuses d'Éleusis. Les Athéniens apprennent à semer et recueillir le blé, et à exploiter les mines du Laurium.

IV. —Amphictyon cherchait vainement à fermer l'entrée par terre aux étrangers, ils arrivaient par mer. — Cadmus, débarqué en Béotie avec ses Phéniciens, apportait aux Grecs des notions plus étendues de commerce, et un alphabet plus commode pour l'arithmétique. La Cadmée fut construite.

Amphyon entourait Thèbes de murailles. Laïus était tué par OEdipe, qui, meurtrier de son père, époux de sa mère, se privait de la vue pour expier ses crimes involontaires. — Un an après, en 1572, l'Égyptien Danaüs s'établit dans l'Argolide, et y opère la même révolution que Cécrops avait opérée en Attique. Ses vaisseaux *(pentécontore)* servent de modèle aux Grecs (1). — En 1380, Pélops, fils de Tantale, forcé de s'expatrier de Sypèle, en Phrygie, envahit la péninsule, qui prend le nom de Péloponèse; il apporte les arts déjà communs en Phrygie. Ainsi, les Égyptiens, les Phéniciens, les Phrygiens, ont fourni leur contingent à la deuxième période de la civilisation grecque (2). — Trois influences sont à constater : celles des Crétois, des Thraces et des Hellènes qui refoulent les Pélasges; ils achevèrent l'œuvre des Pélopides, et, plus tard, Thésée, Lycurgue empruntèrent aux lois de Minos les bases de leurs codes.

V. — Le peuple hellène se subdivisait en Doriens, Éoliens, Ioniens et Achéens. Les premiers, passèrent dans le Péloponèse; les Éoliens s'établirent en Thessalie. Tantôt chassant, tantôt s'incorporant les Pélasges, ils y formèrent sept principautés, et envoyèrent des colonies en Phocide, en Béotie, en Corinthie et en Messénie. Corinthe, dont Sysiphe fut le fondateur, est une ville éolienne. — Dans la suite, des différences s'établirent dans les dialectes et les coutumes de la race hellénique divisée.

VI. — A cette époque, les temples s'élevaient, la sculpture représentait les images des dieux et des princes; Linus et Amphion faisaient entendre les premiers accords de la musique; Dédale appliquait les voiles aux vaisseaux; Orphée chantait l'enlèvement de Proserpine. — En même temps, sur le modèle du conseil Amphictyonique des Thermopyles, se formaient cinq autres conseils qui, plus tard,

---

(1) Les successeurs de Danaüs, dont les 50 filles sont célèbres dans l'histoire de ce temps, furent Lyncée, Acrisius, Persée.

(2) Voir Pélops et les Atrides ; *Dict. de la Fable*, de Chompré.

donnèrent naissance aux confédérations formées dans l'Asie-Mineure par les Ioniens et les Doriens.

VII. — Les temps héroïques sont arrivés ; avec eux commencent la lutte de la civilisation contre la barbarie, la répression du brigandage, la création du droit des gens, le rapprochement des tribus ; l'esprit fédératif est préparé par l'institution des jeux isthmiques et olympiques. — Les peuples s'arrêtent. —En 1330, des nations barbares, établies sur les bords du Pont-Euxin, ravagent les côtes de la Grèce. Jason prend le commandement du navire *Argo*. Les Argonautes se rangent d'abord sous la conduite d'Hercule, prince d'origine égyptienne, appartenant à la maison royale d'Argos, auquel succède Jason, de race hellénique. — Arrivés en Colchide, ils enlèvent le trésor d'Aëtès et sa fille Médée. De retour en Grèce, Jason se retire à Corinthe, où Médée épouvante la Grèce de ses fureurs. — Hercule (Alcide), fils d'Amphitryon ou plutôt de Jupiter et d'Alcmène, et dont les travaux si nombreux ont fait croire à l'existence de plusieurs demi-dieux portant ce nom, Hercule devient l'arbitre de tous les peuples chez lesquels il passe, servant les uns, combattant les autres, et leur imposant à tous sa loi(1).—Thésée marche sur les traces d'Hercule, son ami ; il délivre son père, Égée, de l'attaque des Pallantides, et Athènes du tribut qu'elle payait à Minos. Devenu roi, en 1323, il change le gouvernement de l'Attique, introduit la triple influence des lois égyptiennes, amphictyoniques et crétoises ; se réserve le commandement des armées et le maintien des lois, et laisse les autres pouvoirs

---

(1) Les 12 travaux d'Hercule sont : 1° Le lion de Némée, qu'il étouffa ; 2° L'hydre de Lerne ; 3° Le sanglier d'Érimanthe, qu'il prit tout vivant ; 4° La biche aux pieds d'airain, qu'il prit à la course ; 5° Les oiseaux du lac Stymphale ; 6° Le taureau de l'île de Crète, qu'il apporta vivant ; 7° Les cavales de Diomède ; 8° La ceinture d'Hippolyte, reine des Amazones ; 9° Les étables d'Augias, qu'il nettoya ; 10° Le monstre Gérion ; 11° Les pommes d'or des Hespérides ; 12° Thésée, qu'il délivre des enfers après avoir enchaîné Cerbère.

au peuple, qu'il divise en trois corps, celui des no-
bles, des laboureurs et des artisans. — A la même
époque, les Héraclides sont chassés du Péloponèse;
OEdipe laisse le trône de Thèbes à ses deux fils, qui
promettent de régner annuellement; mais Étéocle,
l'aîné, refuse à Polynice, son frère, de lui céder le
gouvernement lorsque l'année est expirée. Le plus
jeune des fils d'OEdipe appelle à son secours Adraste,
roi d'Argos, et quelques princes voisins; une lutte
s'engage, et les deux frères se tuent mutuellement
sous les murs de la capitale, et donnent lieu à la
guerre des Épigones. — Pàris, fils de Priam, vient,
en 1209, en ambassade chez Ménélas; il viole les
droits de l'hospitalité en emmenant Hélène, femme
du roi de Mycènes. La Grèce répond au cri de vengeance jeté par l'époux outragé. Tous les guerriers le plus illustres se rangent sous la bannière
d'Agamemnon, roi d'Argos, et pendant dix ans attaquent la ville de Troie. — Les efforts de la Grèce sont
long-temps inutiles. La bravoure d'Hector et la colère d'Achille, retiré dans sa tente après l'affront que
lui a fait Agamemnon, contre-balancent les avantages que les guerriers hellènes devaient attendre de
leur force et de leur courage. Enfin, Troie succombe
par l'adresse d'Ulysse et l'introduction du cheval de
bois; l'incendie dévore la capitale de Priam. Mais
les vainqueurs ne doivent pas jouir du fruit de leurs
travaux; la mort, l'assassinat les attendent à leur
retour en Grèce; d'autres, chassés de leur patrie
par des usurpateurs, vont chercher un royaume
dans des contrées étrangères (1).

VIII. — Quatre-vingts ans après la prise de Troie,
les Héraclides, que les descendans de Pélops avaient
chassés du Péloponèse, reviennent attaquer ce pays.
Aidés par les anciens habitans, ils enlèvent la Laco-

---

(1) Agamemnon fut assassiné par Égisthe; Ulysse erra pendant 10 années avant de rejoindre Pénélope dans Ithaque : ce
long exil du père de Télémaque a fourni le sujet de l'*Odyssée*.
Diomède, Nestor, Philoctète vinrent dans l'Hespérie chercher
un nouveau royaume.

nie au fils d'Oreste, la Messénie aux descendans de Nestor ; puis ils partagent leur conquête. — Affermi dans Argos, Téménus tente de subjuguer les villes qui étaient autrefois tributaires des Pélopides. Les Doriens l'aident puissamment dans l'exécution de ce projet. — Les Ioniens, chassés de l'Ægialus, se réfugient dans l'Attique, et y exercent une influence telle, que de pélasgique qu'elle était ils la rendent ionienne de nom et de fait. — Poussés par l'ambition, les conquérans attaquèrent l'Attique ; mais alors, c'était une opinion généralement répandue, qu'une victoire s'achetait au prix d'une noble tête : Codrus, roi d'Athènes, se dévoua pour son peuple ; il alla chercher la mort dans les rangs des Doriens, qui, croyant que leur entreprise devait échouer, rentrèrent dans le Péloponèse. — Ce retour des Héraclides et de l'invasion des Doriens replongea la Grèce dans la barbarie d'où elle commençait à sortir.

IX. — Homère, le plus ancien et le plus célèbre des poëtes grecs, vivait environ mille ans avant J.-C. et trois cents ans après la prise de Troie. Sept villes se disputèrent l'honneur de lui avoir donné naissance. L'opinion la mieux fondée est qu'il était de Smyrne ou de Chio. Après la mort de ses parens, il entreprit plusieurs voyages avec un navigateur nommé Mentès. Il puisa de grandes connaissances géographiques dans les différens pays qu'il parcourut. A Ithaque, il fut attaqué de la maladie qui lui fit perdre la vue ; de là le surnom d'*Aveugle* qui lui fut donné. De retour à Smyrne, il termina l'*Iliade*, qu'il avait commencée pendant sa navigation. Il composa l'*Odyssée* dans l'île de Chio, et mourut à Io, l'une des Sporades, environ 920 ans avant J.-C. On a de lui l'*Iliade* et l'*Odyssée* : on lui attribue la *Batrachomyomachie*. — Alexandre faisait ses délices de ses poésies, et estimait Achille le plus heureux des héros, parce qu'il avait eu Homère pour le chanter (1).

---

(1) *Dictionnaire historique.*

ONZIÈME QUESTION.

Expansion de la Grèce dans le monde ancien, et particulièrement en Asie, en Italie et en Sicile. — Histoire des principales colonies Ioniennes, Éoliennes, Doriennes et Achéennes. — Législation de Lycurgue et de Solon. — Rivalité naissante de Sparte et d'Athènes. — Les Pisistratides.

QUESTIONNAIRE.

I. Quelles furent les causes d'émigration pour les Grecs? — Colonies éoliennes. — Quand eut lieu l'établissement des Ioniens en Asie Mineure? — Où les Ioniens s'établirent-ils? — II. Quelle fut la condition de ces colonies? — Progrès en civilisation. — Leur sort jusqu'en 504. — III. Quels furent les premiers habitans de la Sicile? — IV. Quelles furent les colonies grecques dans l'Italie méridionale? — V. Qu'était Sparte avant Lycurgue? — Comment devint-il le législateur de son pays? — VI. Quelle est sa législation? — VII. Qu'arriva-t-il à Athènes après Codrus? — Solon. — VII. Quelle fut l'histoire des Pisistratides? — Position politique d'Athènes après leur expulsion.

I — Les conquêtes des Doriens, les troubles causés par l'oligarchie et les tyrans, forcèrent une partie des peuples de la Grèce à émigrer. — Les Éoliens, en 1189, fondèrent, en Asie-Mineure, 12 villes, dont les principales furent Smyrne, Magnésie, Mitylène et Méthymne dans l'île de Lesbos; mais l'invasion des Doriens et des Ioniens ne leur laissa que le pays compris entre le fleuve Hermus et Cysique (1). — Chassés de l'Ægialus par les Achéens, les Ioniens, après avoir séjourné en Attique, passent en Asie-Mineure, en 1130. Ils donnent de nouveaux habitans aux Cyclades (2), peuplées de Cariens et de Crétois, et s'emparent des côtes orientales de l'Asie-Mineure, depuis l'Hermus jusqu'à Milet : Chio et Samos (3) sont oc-

---

(1) L'Hermus (*Sarabat*); Cysique (*Zisick*), dans une île au sud de la Propontide, aujourd'hui réunie au continent.

(2) Cyclades, îles de la mer Égée, entre la Grèce et l'Asie-Mineure; principales : Andros (*Andro*), Délos (*Sidili*), Naxo (*Naxia*), Paros (*Paro*).

(3) Samos (*Samo*), capitale du même nom; Pythagore y naquit. Chio (*Scio*).

cupées par eux. Les Doriens, de 1132 à 1068, prennent Rhodes et l'île de Cos (1).

II. — Du XIe au VIe siècle, ces colons parvinrent à un haut degré de civilisation. Les flottes des Phocéens visitèrent les côtes de l'Italie, de la Gaule et de l'Espagne, jusqu'au détroit de Gadès, et y déposèrent des colonies. Milet équipait chaque année 100 vaisseaux dans ses 4 ports, et était maîtresse de la navigation du Pont-Euxin (2). — Les progrès des Grecs asiatiques dans les arts, la philosophie, les sciences et les lettres, furent prodigieux : c'est à eux que la poésie et la prose durent leur harmonie (3).

III. — Crésus soumit ces contrées, en 530. Harpagus, lieutenant de Cyrus, les fit passer sous la domination persane, en 547. Les Phocéens, fuyant l'esclavage, se réfugièrent en Corse et de là dans la Gaule, où ils agrandirent Marseille, fondée par eux en 600 avant J.-C. : les autres peuples restèrent tributaires de la Perse jusqu'en 504.

IV. — La Sicile eut pour premiers habitans les Lestrigons : ce pays portait alors le nom de Trinacrie. Une tribu ibérienne de Sicaniens s'établit au lieu où fut depuis Agrigente (4). — Les Illyriens sicules re-

---

(1) Rhodes, au sud de la Doride, une des Sporades. — Colosse de Rhodes. — Siège contre Démétrius Poliorcète. — Siége contre les Turcs. — Chevaliers de St-Jean-de-Jérusalem. — Cos, patrie d'Hippocrate. — Chacune des villes appartenant à ces colonies, était libre et régie par une constitution particulière à son origine. Les diverses cités d'une même colonie se réunissaient en fédération : les Ioniens nommaient la leur *Panionium*.

(2) *Pontus-Euxinus* (mer Noire), entre la Sarmatie au nord, et l'Asie-Mineure au sud ; communiquant au sud ouest avec la Propontide, par le bosphore de Thrace (canal de Constantinople).

(3) Ils enseignèrent l'exploitation des mines, la fonte des métaux, la peinture ; quatre des sept sages de la Grèce leur appartenaient : Thalès, de Milet ; Pittacus, de Mitylène ; Bias, de Priène ; Cléobule, de Lindos. Anaximandre, Pythagore, Héraclide, fondèrent, de 568 à 500, les écoles ioniennes, pythagoriennes et éléatique.

(4) La Sicile, au sud de la mer Tyrrhénéenne, à l'ouest de celle qui porte son nom, séparée de l'Italie par le *Fretum*,

foulèrent les Sicaniens jusqu'à Lilybée, et cédèrent à leur tour une portion du territoire aux Phéniciens et aux Carthaginois, en 509. — Les Ioniens bâtirent Naxos, Catane et Zancle (depuis Messine). Les Doriens fondèrent, en 735, Syracuse, Mégare, Hybla et Camarine. — Le gouvernement fut d'abord aristocratique. Gelon rendit le pouvoir aux grands, qui avaient été contraints de plier devant le peuple. Les villes passèrent ensuite sous la domination des tyrans, parmi lesquels on cite Phalaris (1).

V. — L'Italie méridionale reçut aussi des colonies grecques; Cumes, Locres furent occupées par les Ioniens; Phalante et les Parthéniens de Lacédémone habitèrent Tarente, qui, à son tour, envoya des colonies à Héraclée et à Brindes (2). Rhégium fut fondée par les Messéniens. Sybaris et Crotone, villes achéennes, de 720 à 710, devinrent assez puissantes pour peupler Métaponte et Possidonie (3).

VI. — Cependant la Grèce est constituée. Sparte obéit à deux rois, descendans de Proclès et d'Eurysthène. La Laconie est asservie; mais une lutte incessante existe entre les grands et le peuple. Un des rois meurt, et Lycurgue, son frère, doit hériter de la couronne, si la veuve du monarque ne donne pas le jour à un enfant mâle. La reine lui fait proposer sa main : elle détruira l'enfant qu'elle porte dans son sein. Il feint d'accepter, mais exige qu'on lui remette l'enfant; et quand on le lui a livré, il dit aux Spartiates assemblés : *Voici votre Roi !* Touchés d'une vertu si rare, les habitans lui demandent des

---

Siculum (phare de Messine). Ses trois promontoires (cap *Faro*, cap *Passaro*, cap *Boëo*) l'avaient fait nommer Trinacria.—Ansart: p. 72 et suiv.

(1) Toutes ces villes tombèrent au pouvoir des Romains en sortant des mains des deux Denys.

(2) Brindes (*Brindisii*); Virgile y mourut. Rhegium (*Reggio*).

(3) Sybaris, bâtie sur le Sybaris, qui se jette dans la mer de Tarente. Possidonie (*Pæstum*), célèbre par ses rosiers. Métaponte, fondée par Épéus, qui construisit, dit-on, le cheval de Troie. — Ansart: Caix et Poirson.

lois : il y consent (1). — La royauté est conservée aux deux maisons régnantes; les rois font la guerre et rendent la justice; un sénat de 28 vieillards et 5 éphores tempèrent le pouvoir royal. La 2e partie des lois embrasse l'éducation et la vie domestique (2). — Dès que les institutions de Lycurgue ont éteint les divisions intérieures, la Messénie est attaquée et vaincue. Vainement Aristoméne engage une nouvelle lutte; encouragés par Tyrtée, les Spartiates forcent leurs ennemis à s'expatrier, et Lacédémone devient la première puissance continentale de la Grèce (3).

VII. — Après la mort héroïque de Codrus, la royauté est remplacée à Athènes par l'archontat à vie. Cette magistrature, réduite à 10 ans, devient annuelle, et est partagée entre 9 citoyens. — Deux partis se font la guerre. Il n'existe point de législation régulière : les habitans de la côte (Paraliens) obéissent aux Alcméonides; les montagnards, aux Pisistratides. — En 624, l'archonte Dracon donne des lois que leur sévérité fait abroger. Cyclon, en 612, essaie de rétablir la royauté. Enfin, en 596, Solon paraît. Nommé archonte, son administration sage calme les esprits : il publie un code qui sert de modèle à toutes les nations (4).

---

(1) Barthélemy, *Anacharsis*. — Plutarque; *Vie de Lycurgue*. — Caix et Poirson, p. 133 et suiv.

(2) À chaque citoyen une part égale de terrain. La pesanteur de la monnaie discrédite la richesse, qu'elle rend inutile. Les maisons, le costume, les meubles. sont uniformes. La frugalité est un devoir. La gymnastique est obligatoire pour les deux sexes. La vieillesse est entourée de respect. La mort pour les enfans faibles. Le célibat est un opprobre. Tout, en un mot, concourt à développer le double sentiment de l'amour de la patrie et de la gloire. — Barth.; *Anacharsis*, — Plut.: *in Lycurg.* — Caix et Poirson; p. 233 et suiv.

(3) Lycurgue s'exila pour forcer ses concitoyens à conserver ses lois : il leur en avait fait jurer l'observation jusqu'à son retour. — *Anach.*, chap. 77. — Paus., liv. IV., ch. 23. — Justin., liv. III, ch. 4. — Caix et Poirson; p. 236 et suiv.

(4) Le peuple était partagé en quatre classes. D'après la quotité des richesses, tous les citoyens avaient droit de délibérer sur les affaires de l'État; mais les magistrats et les archontes, pris

VIII. — Solon quitte Athènes; les désordres recommencent. Pisistrate, neveu du législateur, se fait donner 600 gardes, s'empare du pouvoir, en est chassé par Mégaclès, qui ensuite le rappelle et lui rend la puissance, qu'il conserve, par sa modération et sa clémence, jusqu'en 528. — A sa mort, ses deux fils, Hipparque et Hyppias, gouvernent l'Attique pendant 14 ans en imitant son exemple. Mais Hipparque insulte une jeune athénienne (1). Harmodius et Aristogiton, frère et fiancé de la jeune fille, assassinent Hipparque. Alors, Hyppias tyrannise les Athéniens, qui le chassent; il se réfugie auprès du roi de Perse, auquel il demande vengeance. — Malgré la collision qui a lieu entre le parti aristocratique et le peuple, et dans laquelle ce dernier a l'avantage, Athènes, de 508 à 507, prélude à sa grandeur future. — Les Spartiates, que l'envie anime, se liguent avec les Béotiens et les Éginètes contre l'Attique; mais ils sont vaincus. Miltiade, avec une flotte, enlève la Chersonèse de Thrace. L'exploitation des mines du Laurium facilite aux Athéniens l'équipement d'une flotte qui leur assure la prééminence maritime sur la Grèce (2).

______

dans la 1re classe, arrêtaient par leur sanction les actes émanés du peuple. L'aréopage ou tribunal se composait des archontes sortis de charge. — Dans ses lois sur la vie privée, Solon ne sacrifia jamais sa morale à sa politique, ni l'homme au citoyen.— Arist., *in polit.*—Plut., *Vie de Solon.*—Caix et Poirson, p. 243.

(1) Dans une fête en l'honneur des dieux, Hipparque avait insulté la jeune athénienne; ses frères et son fiancé choisirent un jour semblable pour leur vengeance. Hipparque et Hyppias se rendaient au temple, quand Harmodius et ses complices les attaquèrent: Hipparque seul fut frappé. (Châteaubriant; *Études historiques.*)

(2) Voir, sur les Pisistratides, Châteaubriant; *Études historiques,* éd. Pourrat, t. 1er, p. 104 et suiv.

DOUZIÈME QUESTION.

La Grèce envahie par l'Orient. — Guerre médique. — Histoire de la rivalité des Grecs et des Mèdes, sous Miltiade, Thémistocle, Aristide et Cimon. (504-449.)

QUESTIONNAIRE.

I. — Quelle était la position des colonies grecques de l'Asie? — Qui fut la cause de leur révolte? — II. Que fit Darius après l'incendie de Sardes? — III. A qui confia-t-il le commandement de ses troupes? — IV. Comment la guerre fut-elle déclarée à la Grèce? — Quelle fut l'issue de la bataille de Marathon? — V. Que fit Miltiade après sa victoire? — VI. Que firent les Grecs au moment de l'invasion de Xerxès? — VII. Passage des Thermopyles. — VIII. Quel fut le sort d'Athènes? — IX. Bataille de Salamine. — X. Par qui fut défait Mardonius? — XI. Exploits de Cimon.

I. — Les colonies grecques asiatiques formaient, depuis la chute du royaume de Lydie, des républiques se gouvernant par leurs propres lois, sous la protection de la cour de Suze. Lorsque, en 504, Aristagore, tyran de Milet, fit révolter l'Ionie, et envoya demander du secours aux Grecs du continent, Sparte refusa de prendre part à la lutte qui allait s'engager; mais Athènes, mécontente de l'accueil que la cour de Perse avait fait à Hyppias, donna 20 galères aux Ioniens, et, réunie aux Érétriens, attaqua la ville de Sardes et la livra aux flammes.

II. — Le roi, à cette nouvelle, jure la ruine d'Érétrie et d'Athènes. Aidé par les Phéniciens, il triomphe des rebelles, et soumet toutes les îles depuis la Thrace et l'Hellespont jusqu'à la Carie (1).

III. — Darius, en 496, donne à Mardonius, son gendre, le soin de venger l'outrage qu'il a reçu. Le

---

(1) Thrace (*Roumélie*). Bornes : au nord, la Mysie; à l'ouest, la Macédoine; au sud, la mer Égée; à l'est, le Pont-Euxin. Arrosée par l'Hébrus (*Marrizza*). Villes principales : Philippolis (*Philippoli*), Orestraï, Hadrianopolis (*Andrinople*), Byzantium (*Constantinople*). Au sud de la Thrace, se trouve la Chersonèse de Thrace. Ansart; *Géogr. anc.*, p. 77 et suiv.)

général perse franchit l'Hellespont, subjugue une partie de la Macédoine; mais, surpris par une tribu de Thrace, il perd trop de monde pour oser attaquer la Grèce. — 494.

IV. — Irrité par ce revers, Darius envoie demander la soumission des villes grecques (1). Athènes et Sparte mettent à mort ses envoyés. — L'armée persane aborde en Eubée. Érétrie succombe, et ses habitans, chargés de chaînes et conduits esclaves en Perse, annoncent aux Athéniens à quel prix Darius rachètera l'incendie de Sardes et la mort de ses ambassadeurs. Hyppias, le banni, dirige les Perses dans les plaines de l'Attique. Mais Miltiade, Aristide et Thémistocle font naître l'espérance de vaincre, en faisant adopter la résolution de combattre : l'armée grecque compte 10,000 combattans. Les Spartiates, retenus par un usage superstitieux, n'arrivent sur le champ de bataille que pour voir les trophées de leurs rivaux. Miltiade, auquel la générosité d'Aristide a fait déférer le commandement, a pris des dispositions admirables : il doit lutter contre 110,000 hommes. Les trompettes sonnent, l'attaque est terrible; mais les Perses sont vaincus; Marathon voit le triomphe de la liberté. — Après une tentative inutile contre Athènes, l'armée ennemie regagne honteusement l'Asie (2). — 490.

V. — Miltiade, à la tête d'une flotte, poursuit les soldats de Darius; il échoue devant Paros. — Le peuple condamne le vainqueur de Marathon à une amende considérable : trop pauvre pour s'acquitter, il meurt dans les fers (3). — Le roi de Perse

---

(1) La formule pour demander la soumission des villes grecques était de demander *la terre et l'eau.* Sparte et Athènes, joignant l'insulte au refus, firent enterrer un des héraults et précipiter l'autre dans un puits.

(2) On fit faire à Athènes un tableau dans lequel Miltiade était représenté donnant ses ordres aux autres généraux. (*Anach.*; Cornélius-Nepos.)

(3) Miltiade, condamné à une amende de 50 talents, mourut dans les fers; son fils Cimon fut obligé de se constituer prisonnier pour pouvoir faire rendre à son père les derniers honneurs. Cornélius-Nepos : *Vie de Miltiade.*)

prépare une nouvelle expédition ; mais une révolte des Égyptiens et sa mort arrêtent ses projets.—485. — Xerxès Ier rassemble une armée formidable et tout le matériel préparé par Darius. Au moment où la nouvelle de cet armement parvient en Grèce, Thémistocle, vainqueur des Corcyréens, a détruit leur flotte et assuré la puissance maritime d'Athènes. Sparte, victorieuse des Argiens, a vu s'éloigner un de ses rois nommé Demarate. Ce prince est allé auprès de Xerxès, demander vengeance des outrages qu'il a reçus à Lacédémone de la part de son collègue Cléomène.

VI. — Les villes de la Thessalie et de la Doride ; celles de la Béotie, à l'exception de Thèbes et de Platée, sollicitent l'alliance de Xerxès ; mais les Grecs, qui préfèrent la mort à l'esclavage, sont réunis à Corinthe. Léonidas, roi de Sparte, se rend aux Thermopyles avec 7,000 hommes ; tandis qu'une flotte de 300 voiles, aux ordres d'Eurybiade et de Thémistocle, occupe le détroit d'Artémisium ; 60,000 hommes, campés à l'isthme de Corinthe, défendent l'entrée du Péloponèse.

VII. — Les Perses arrivent aux Thermopyles. — Léonidas, sommé de rendre les armes, répond au grand roi : *Viens les prendre !* Trois jours entiers il défend le passage confié à sa garde. Les *Dix mille,* cette troupe d'élite de l'ennemi, l'attaquent vainement ; mais un berger thébain montre aux Persans un sentier qui domine le défilé. Léonidas est averti de la trahison ; il congédie les alliés, reste avec les 300 Spartiates, disant aux premiers, qu'il prie de se réserver pour des temps meilleurs, d'annoncer à Sparte que lui et ses compagnons vont mourir pour obéir aux lois de Lacédémone (1). — La nuit arrive. Les compagnons de Léonidas fondent sur le camp de Xerxès, et y portent le fer et la flamme : le carnage est horrible. Mais, au point du jour, l'ennemi recon-

____

(1) La peinture s'est emparée plusieurs fois de ce sujet : il a été traité admirablement par David.

naît le petit nombre de héros qui l'attaquent, et bientôt les Spartiates succombent au milieu de leurs adversaires encore épouvantés.

VIII. — Maître du passage, Xerxès pénètre dans l'Attique, incendie Thespies et Platée, et détruit Athènes. Quelques vieillards sont immolés; ils n'ont pas voulu quitter leur patrie. Les hommes valides ont armé la flotte; les femmes et les enfans sont retirés à Égine et à Salamine.

IX. — Thémistocle, auquel sa modération a fait déférer le commandement des forces navales, attire Xerxès dans un piége, et l'engage à combattre dans le détroit de Salamine, où il ne peut déployer son armée : la flotte des Grecs est victorieuse. Le grand roi, du haut d'un trône d'or qu'il a fait élever sur le rivage, voit anéantir ses vaisseaux, et repasse précipitamment, dans une barque de pêcheur, cette mer qui était naguère couverte de ses navires (1).

X. — Mardonius reste en Grèce avec 300,000 hommes. L'année suivante, en 479, les Grecs remportent le même jour, 22 septembre, une double victoire à Platée et à Mycale : Pausanias, de Sparte, gagne la bataille de Platée.

XI. — Mais, après ce succès, la confédération grecque tend à se rompre. Athènes, qui a eu la plus grande part à ces victoires, veut dominer : elle continue la guerre presque seule; enlève Cypre aux Perses, en 477. Cimon et Aristide, d'Athènes, font reconnaître les Athéniens pour chefs de la confédération générale.

XII. — L'assassinat de Xerxès et les troubles de la Perse, en 472, favorisent les succès de Cimon, auquel est resté le commandement, lorsque l'ostracisme a forcé Thémistocle d'aller s'asseoir en suppliant au foyer de ceux qu'il a vaincus (2). — Les

____

(1) Cornélius-Nepos; *Vita Themist.*

(2) Thémistocle, banni d'Athènes, se réfugia en Perse, et reçut un accueil distingué d'Artaxerxès-Longuemain. Il s'empoisonna, dit-on, pour ne pas porter les armes contre sa patrie. (Cornélius-Nepos: *Vita Themist.*

alliés veulent se soustraire à la domination d'Athènes.
Cimon fait tourner au profit de sa patrie cette espèce
de défection : il leur rend leurs matelots en échange
d'une contribution en argent. — Athènes envoie,
sous sa conduite, 200 galères aux Égyptiens, révoltés contre la Perse ; mais l'expédition ne réussit pas.
Le vainqueur de Mycale éprouve l'ingratitude de ses
concitoyens, qui l'exilent : après 5 ans il est rappelé.
— La guerre recommence, et Artaxerxès, effrayé,
conclut un traité humiliant avec les Athéniens (1).
— 504.

TREIZIÈME QUESTION.

**Guerre du Péloponèse. — Rivalité de Sparte et d'Athènes.
— Victoire du lacédémonien Lysandre. — Intervention
persane. — Traité d'Antalcide.** (431 - 387.)

QUESTIONNAIRE.

I. Quelle était la position de la Grèce en 431? — D'où provint la guerre du Péloponèse? — II. Par qui fut attaquée l'Attique? — Quel fut le résultat de cette invasion?
— Quelle fut la conduite d'Hippocrate? — Comment mourut Périclès? — III. Comment
furent variées les chances de cette guerre? — IV. Qu'est-ce qu'Alcibiade? — Quelle
part prend-il aux affaires de la Grèce? — A quelle guerre détermine-t-il ses concitoyens?
— V. Guerre de Sicile. — Succès. — Rappel d'Alcibiade. — Fautes de Nicias, sa
mort. — Captivité et malheurs des Athéniens. — VI. Retour d'Alcibiade, ses succès
et ses triomphes; il est dépouillé de son commandement. — Victoire de Lysandre. —
Bataille des Arginuses. — Callicratidas. — Victoire de Lysandre à Ægos-Potamos.
— Siège d'Athènes, sa capitulation. — Les 30 tyrans. — Sa délivrance par Thrasybule.
— VII. Que font les Lacédémoniens après leur victoire sur Athènes? — Comment
Agésilas est-il détourné de ses conquêtes? — Quels sont ses succès en Asie? — Journée de ...?
— Quels sont les résultats de la bataille de Coronée? — Qu'est-ce que le traité
d'Antalcide?

I. — La Grèce est affranchie de la crainte des
Perses. Mais depuis qu'Athènes a relevé ses murailles,

(1) Entre autres clauses de ce traité, aucun vaisseau de guerre
persan ne peut naviguer depuis le Pont-Euxin jusqu'aux côtes
de la Pamphylie ; aucune troupe du roi n'approchera de ces
mers à la distance de 3 jours de marche. (Caix et Poirson; p. 270.)

malgré les réclamations de Sparte, en 479, il y a eu des hostilités partielles entre ces deux villes. Maintenant une guerre terrible va éclater. Périclès, le vainqueur de Samos, excite ses concitoyens à une lutte dans laquelle ses talens le rendront indispensable. Corcyre (1), révoltée contre Corinthe, sa métropole, a été secourue par Athènes, au mépris des conventions de la confédération grecque. Potidée est assiégée par Périclès. Les Lacédémoniens demandent satisfaction; on la leur refuse : la guerre du Péloponèse commence. — 431.

II. — La Grèce entière se groupe autour des deux rivales : Sparte a plus de soldats; la marine athénienne est plus considérable. Archidamas, roi de Lacédémone, ravage l'Attique avec 60,000 hommes; Périclès retient ses concitoyens dans leur ville. Une escadre sort du Pyrée, et porte la désolation sur les côtes du Péloponèse : le manque de vivres et les maladies contraignent les Spartiates à se retirer. — Une seconde armée pénètre en Attique; la peste décime les Athéniens et leur enlève 5,000 hommes, malgré le dévouement d'Hippocrate (2). Périclès meurt en 429, en se glorifiant de n'avoir jamais fait couler volontairement les larmes d'aucun Athénien (3).

III. — Potidée, Mitylène sont soumises, en 429, malgré les efforts de Sparte, qui se venge de cette perte par la ruine de Platée, cette sœur d'Athènes. Démosthène, général athénien, prend Pylos, qu'il fortifie; Sphactérie (4) est contrainte de se rendre.

---

(1) Corcyre (*Corfou*), capitale de l'île du même nom, une des Sporades, appelée par Homère, île des Phœaciens. — Potidée, ville de Macédoine, à l'entrée de la presqu'île de Pallène. Ansart; *Géogr. anc.*, 1831, p. 82 et 104.)

(2) Hippocrate, célèbre médecin, naquit dans l'île de Cos (*Stbancho*) Quand la peste ravagea l'Attique, il vint offrir ses services aux Athéniens et rejeta les offres d'Ataxerxe, qui sollicitait ses soins pour ses sujets, attaqués aussi par la contagion.

(3) Périclès prononça l'éloge des citoyens morts pendant cette guerre.

(4) Sphactérie, une des Sporades, sur les côtes de Messénie.

Pendant deux ans la fortune se déclare pour Athènes. Bientôt, par un retour subit, le spartiate Brasidas, uni au roi de Macédoine, est vainqueur à Délium. Une trève est conclue; mais une expédition de Sparte contre Menda, et les conseils de l'athénien Cléon, amènent une nouvelle rupture. Les Spartiates sont victorieux à Amphipolis : les deux généraux ennemis, Brasidas et Cléon, périssent dans l'action. On conclut une trève de 5o ans.

IV. — Alcibiade, cet homme qui devait contraindre l'admiration de la Grèce entière, et éclipser ses contemporains par l'éclat de ses vices et de ses vertus; Alcibiade, neveu de Périclès, élève de Socrate, a besoin de combats pour s'illustrer. Il entraîne les Athéniens dans une lutte entre Sparte et les Argiens, et, malgré les conseils de Nicias, fait décréter la guerre de Sicile.

V. — Nicias, Lamachus et Alcibiade commandent la flotte envoyée au secours des Lorentins, attaqués par Syracuse. Catane, Naxos tombent au pouvoir du jeune général; Messine va se rendre, quand ses ennemis le font rappeler à Athènes, pour répondre à une accusation de sacrilége. Craignant ou dédaignant d'y répondre, Alcibiade se retire à Sparte. Nicias, par sa lenteur, perd tous les avantages acquis précédemment. Le lacédémonien Gilippe délivre Syracuse et enferme Nicias dans son camp. Démosthène, envoyé au secours de l'armée, est battu deux fois sur mer. Alors on commence une retraite difficile par terre. Nicias, fait prisonnier, est mis à mort, et les soldats périssent presque tous dans les carrières auxquelles ils sont condamnés à travailler (1).

VI. — La fortune a abandonné les Athéniens. Le

en face de Pylos (*vieux Navarin ou Zanchin*), au sud-ouest de la Messénie : on voyait dans cette ville le tombeau du sage Nestor. — Amphipolis (*Joni-Keni*), ville de Macédoine, sur le Strymon. (Ansart : *Géogr. anc.*, 1831, pag. 81, 96, 104.

1) Les seuls captifs qui échappèrent à l'esclavage et à la mort sont ceux qui peuvent réciter les passages d'Euripide.

neveu de Périclès a tourné ses talens militaires contre sa patrie et vaincu la flotte athénienne. Mais, poursuivi par la haine des grands de Sparte, il revient au parti des Athéniens, qui le rappellent. La flotte d'Athènes est auprès de Samos ; il s'y rend ; on lui défère le commandement : la victoire lui est fidèle. A la hauteur d'Abydos et de Cysique, il débarque sur la côte, et taille en pièces l'armée du satrape persan Pharnabaze, allié des Lacédémoniens. Chalcédoine, Sélymbrie, Byzance lui ouvrent leurs portes : Athènes recouvre la domination des mers, et voit Pharnabaze entrer dans son alliance. Alcibiade revient au Pyrée, où ses concitoyens l'attendent avec des palmes. Il conduit à Éleusis la procession longtemps interrompue, sans que les Spartiates fortifiés dans Décilie osent troubler cette fête religieuse et guerrière. Nommé généralissime, il dirige sa flotte vers l'Ionie. Mais, obligé de descendre à terre, il laisse le commandement à son lieutenant Antiochus, qui se fait battre par le lacédémonien Lysandre, à la hauteur d'Éphèse. Alcibiade est dépouillé du commandement et remplacé par 10 généraux. Ceux-ci remportent, aux Argineuses, une victoire navale sur Callicratidas, qui a succédé à Lysandre. Mais ce dernier est replacé à la tête de la flotte, après la mort de Callicratidas : les Athéniens sont battus à Ægos-Potamos. Athènes est assiégée par mer et par terre ; après quelques mois de siége, elle demande à capituler ; les Lacédémoniens détruisent ses fortifications et lui imposent des conditions humiliantes. La ville de Périclès reçoit garnison spartiate ; elle obéit à 3o tyrans. 4o4. — Cet événement met fin à la guerre du Péloponèse : elle avait duré 27 ans. — Bientôt Sparte redoute Lysandre, qui, victorieux en Ionie, agit en despote ; elle favorise même les projets de Thrasybule, qui renverse les 3o et rétablit l'ancienne constitution, en 4o2.

VII. — Vainqueurs de la Grèce, les Lacédémoniens veulent tirer vengeance des périls que la Perse leur avait fait courir. — L'expédition du jeune Cyrus avait ébranlé le trône d'Artaxerxès-Mnémon. Aussi quand, par le crédit de Lysandre, le jeune Agésilas occupa le trône, devenu vacant par la mort de son frère Agis, il reçut la conduite de la guerre contre l'Asie. Tyssapherne, satrape de Lydie, de retour de sa poursuite des *Dix mille,* envoya sommer les villes grecques asiatiques de reconnaître la domination persane, celles-ci implorèrent la protection de Sparte. Agésilas, vainqueur en plusieurs rencontres, va porter la guerre au centre de la monarchie des Perses ; ses succès paraissent certains, mais une ligue formée contre Sparte l'oblige à revenir sur ses pas (1). — Thèbes, Argos, Corinthe, les Thessaliens ; Athènes, enfin, qui veut se venger, prennent les armes : les Perses se joignent à ces villes. 395. — Lysandre, à la nouvelle de cette levée de boucliers, entre en Béotie, mais succombe sous les murs d'Halyaste. Agésilas, rentré en Grèce par l'Hellespont, trouve les confédérés à Coronée (2), et apprend en y arrivant, que l'athénien Conon a détruit la flotte lacédémonienne ; il livre bataille, et sa victoire est sans résultats. 394. — Conon relève les fortifications d'Athènes et du Pirée. Sparte, en deux années, a perdu l'empire de la mer ; la domination en Grèce est presque anéantie. Antalcidas vient implorer pour elle la paix auprès des Perses, auxquels il offre d'abandonner la Grèce d'Asie. Artaxerxès, un moment incertain sur la sincérité des propositions d'Antalcidas, hésite ; mais les succès d'Athènes et son ambition *les lui font accepter.* Il

---

(1) Parisatis, mère d'Artaxerxès-Mnémon, voulut donner la couronne à son fils Cyrus le jeune. Celui-ci, par ses conseils, rassemble une armée de 100,000 Asiatiques et de 13,000 Grecs auxiliaires. Une bataille eut lieu à Cunaxa, auprès de Babylone, en 401 : Cyrus périt dans l'action, de la main de son frère ; 3,000 Grecs furent tués ; les 10,000 qui restaient commencèrent, leur retraite si célèbre, sous la conduite de Cléarque, qui fut assassiné par Thyssapherne. Xénophon ranima le courage de ses compagnons d'armes, et acheva cette retraite mémorable dont il fut l'historien. (Voir Xénophon.)

(2) Coronée *(Coron).* sur le golfe qui porte aujourd'hui son nom, à l'est de Mythoue.

dicte aux Grecs ce traité humiliant, flétri du nom d'Antalcidas. Les confédérés, se trouvant dans l'impossibilité de se défendre, depuis que l'argent des Perses a fourni une nouvelle flotte à Sparte, signent leur déshonneur, en 387 (1).

QUATORZIÈME QUESTION.

Rivalité de Sparte et de Thèbes. — Puissance de Thèbes.
(387 - 363.)

—

QUESTIONNAIRE.

I, Que firent les Lacédémoniens après le traité d'Antalcide? — Comment s'emparèrent-ils de Thèbes? — II. Comment cette ville recouvra-t-elle sa liberté? — Quelle guerre fut déclarée? — Quels furent les alliés de Thèbes? — III. Qu'arriva-t-il à l'assemblée des Grecs, à Sparte? — Que fit Épaminondas? — Quel fut le résultat de la conduite d'Agésilas? — Bataille de Leuctres. — Mort de Cléombrote. — IV. Quelles furent les suites de la bataille de Leuctres? — Succès d'Épaminondas. — Mort de Pélopidas. — Nouvelle guerre dans le Péloponèse. — Bataille de Mantinée. — Mort d'Épaminondas. — Que devint Thèbes après la mort de ce grand citoyen?

I. *— Le honteux traité d'Antalcide rend aux Lacédémoniens leur prépondérance en Grèce. 386. — Ils veulent punir les villes qui, dans la dernière guerre, ont favorisé leurs ennemis, et assiègent Mantinée, dont ils détruisent les fortifications. Ils portent ensuite leurs vues sur la Thrace; Eudamidas, par leur ordre, attaque Olynthe avec 2,000 hommes (2); le spartiate Phébidas campe devant Thèbes (3), dont

---

(1) Le traité d'Antalcide contenait ces clauses : *Les villes grecques d'Asie, les îles de Clazomènes et de Cypa demeureront soumises au roi de Perse; le roi se joindra aux peuples qui accepteront ces conditions, pour combattre ceux qui les refuseront.* (Caix et Poirson; p. 290. — Cornélius-Nepos; *Alcib., Lysand , Agésilas, Périclès.*)

(2) *Olynthus,* Olynthe, détruite aujourd'hui, située à l'extrémité du golfe Téronaïque *(golfe de Cassandrie).* La prise de cette ville par Philippe de Macédoine, donna lieu aux *Olynthiennes* de Démosthènes.

(3) Thèbes, ou *Thira,* ville de la Béotie, fondée par le phéni-

un des chefs lui ouvre les portes, et chasse de la ville
400 citoyens, après avoir mis garnison dans la Cadmée (citadelle de Thèbes). 382. — Olynthe, qui a
résisté deux ans, est soumise par Polybiade. 380.

II. — Mais des exilés de Thèbes (au nombre de 7,
suivant Xénophon, et de 12, selon Plutarque), vont
renverser cet empire de Lacédémone qui paraît in-
ébranlable. Les conjurés, partis d'Athènes sous la
conduite de Pélopidas, sont introduits dans Thèbes
par un de leurs complices. Les gouverneurs sont réunis dans un festin ; avertis de la conspiration par
une lettre d'Athènes, ils ont renvoyé au lendemain
les affaires sérieuses : ils sont massacrés, et les
Thébains recouvrent leur indépendance. La garnison lacédémonienne rend la citadelle sans combat (3). 379-378. — Athènes prend les armes et vient
au secours de Thèbes; 60 galères athéniennes, com-
mandées par Chabrias, remportent une victoire navale sur la flotte de Sparte, à la hauteur de Naxos;
Timothée ravage les côtes de la Laconie et réduit
Corcyre. 375. — Les Thébains, maîtres de la Béotie,
essaient de s'emparer de la Phocide. Athènes, éclai-
rée sur leurs projets ambitieux, les abandonne ;
mais une attaque des Lacédémoniens sur Corcyre
rejette la ville de Solon dans l'alliance des Thébains.
Iphicrate, général athénien, commande la flotte
des alliés et disperse celle des ennemis, en 374.

III. — Une assemblée des députés des principales
villes de la Grèce se réunit à Sparte; le vieux roi
Agésilas la préside. Épaminondas demande au nom
de Thèbes les mêmes droits dans la Béotie, que ceux
de Sparte en Laconie. Agésilas, irrité de cette prétention, fait rayer Thèbes du traité conclu entre les

---

cien Cadmus, qui bâtit la citadelle appelée Cadméïa (la Cadmée).
La Béotie était une partie de la Grèce propre; elle était située
au sud-est de la Phocide; les villes étaient Thebæ (Thira),
Chéronea ou Chéronée (Capournia), Orchomène (Scripon),
Platée (Cocla), Leuctres (Parapongia). (Ansart; p. 82, 89.)

1 Voir Barthélemi: *Anacharsis.* — Cornélius-Nepos; *Vie de
Pélopidas.*

villes, et marche en Béotie. Mais Épaminondas commande les Thébains ; Pélopidas est à la tête du bataillon sacré (1). Les deux armées se rencontrent
dans les plaines de Leuctres ; les Spartiates sont
vaincus et le roi Cléombrote périt dans l'action (2).
371. — Victorieuse des Lacédémoniens, Thèbes va
menacer l'indépendance de la Grèce.

IV. — La nouvelle du désastre de Leuctres, arrivée
à Sparte au moment où l'on célébrait des jeux, ne
les interrompt pas. Les éphores ordonnent aussitôt
de nouvelles levées, dont Archidamus, fils d'Agésilas,
reçoit le commandement. Mais Thèbes fait soulever
les Arcadiens contre Lacédémone, et Épaminondas,
avec 70,000 hommes, ravage la Laconie. Sparte,
pour la première fois, voit les feux d'un camp ennemi. Le vieil Agésilas protège sa patrie, que le
général thébain n'ose attaquer (3). Bientôt les alliés
de Thèbes l'abandonnent ; Iphicrate l'athénien vient
au secours de Sparte. Épaminondas, obligé de se replier, rétablit l'Arcadie et la Messénie en corps de
nation, fonde la ville de Messène, et, échappant à
l'armée d'Iphicrate, rentre en Béotie couvert de
gloire. Les Thébains voulurent le condamner, ainsi
que Pélopidas, pour avoir gardé le commandement
au-delà du temps prescrit ; mais la noble défense
du guerrier le fit absoudre par le peuple (4). 370-369.
— La Grèce a besoin de la paix ; elle prend Arta

***

(1) Le bataillon sacré, commandé par Pélopidas, était composé de jeunes gens liés entre eux par un serment qui les obligeait à vaincre ou à mourir. (Cornélius-Nepos ; *Vie de Pélopidas.*)

(2) La bataille de Leuctres coûta 4,000 hommes aux Lacédémoniens et 400 Spartiates.

(3) On dit qu'Épaminondas pénétra dans Sparte pendant la
nuit, et attacha son bouclier au pied d'une statue de Minerve.

(4) Épaminondas, accusé d'avoir prolongé son commandement, se défendit avec le courage que donne une bonne conscience : il demanda à être condamné. Mais, dit-il, vous mettrez
sur mon tombeau : *Les Thébains ont frappé de mort Épaminondas, pour les avoir forcé à vaincre les Lacédémoniens, dont
ils ne pouvaient auparavant entendre prononcer le nom sans
trembler.* (Cornélius-Nepos.)

xerxès-Memnon pour arbitre, en invoquant le honteux traité d'Antalcide. Pélopidas, qui a été délivré par Épaminondas de la prison où Alexandre, tyran de Phères (1), l'avait fait jeter, représente sa patrie auprès du grand roi et obtient son alliance. Mais, à son retour, il est envoyé de nouveau en Thessalie, joint Alexandre et l'attaque avec 500 cavaliers, auprès de Cynocéphale (2) : il est vainqueur, mais succombe dans l'action. 365. — Les Arcadiens, en 364, excitent de nouveaux troubles dans le Péloponèse ; ils se rendent maîtres du temple de Jupiter et en pillent les richesses. Les Éléens, auxquels la garde du temple est confiée, prennent les armes. Les Thébains viennent secourir les coupables. Une armée lacédémonienne entre en Arcadie. Épaminondas essaie de surprendre Sparte, pendant que le roi Agésilas concentre ses forces sur Mantinée ; il échoue dans sa tentative, et vient présenter la bataille à ses ennemis. On en vient aux mains à Mantinée : la victoire reste aux Thébains, qui l'achètent au prix de la vie d'Épaminondas. — Avec lui s'anéantit l'empire de Thèbes, qui retomba dans un état de faiblesse et de servitude dont elle ne se releva jamais (3). 365.

---

(1) Phères (*Velestina*), ville de Thessalie (*Janina*).

(2) Cynocéphale, ville de Thessalie, près de Larissa : les Romains y vainquirent Philippe II, roi de Macédoine. (Ansart ; p.87.)

(3) Épaminondas, blessé d'un coup de lance dans l'action, fut averti qu'il mourrait quand on arracherait le fer de sa blessure. On vint lui annoncer la victoire des Thébains et lui présenter son bouclier. Il dit : *J'ai assez vécu, puisque je meurs victorieux.* Il fit appeler deux généraux qu'il jugeait dignes de le remplacer : ils étaient morts dans l'action. — *Conseillez alors aux Thébains de faire la paix,* ajouta-t-il ; et il arracha le fer de sa poitrine, en répondant à ceux qui regrettaient qu'il n'eût pas d'enfans : *Je laisse deux filles immortelles, Leuctres et Mantinée !*

QUINZIÈME QUESTION.

Puissance de la Macédoine (1).— Règne de Philippe II.
560-336.

—

QUESTIONNAIRE.

I. Combien compte-t-on de rois en Macédoine, avant Philippe? — Où celui-ci fut-il élevé? — Comment occupa-t-il le trône? — Quelles furent ses premières occupations et ses premières guerres? — II. Quelles furent les causes de la guerre sacrée? — Quelle fut la conduite de Philippe? — Quelle tentative fit-il aux Thermopyles? — III. Comment s'empara-t-il d'Olynthe? — Comment fut-il admis au conseil des Amphictyons? — IV. Quelle nouvelle guerre sacrée eut lieu? — Quand eut lieu la bataille de Chéronée? — V. Quelle fut la conduite de Philippe après sa victoire? — Quelle expédition proposa-t-il aux Grecs? — Comment mourut-il?

—

I. — Des historiens comptent 40 rois de Macédoine avant Philippe II; mais ce pays avait toujours besoin, pour se soutenir, de la protection de Sparte ou d'Athènes, et, dans les derniers temps, il avait réclamé les secours des Thébains. Pélopidas avait emmené en ôtage les fils du roi Amyntas, et Philippe, le plus jeune, avait été élevé dans la maison d'Épaminondas. — 360. — Il avait 24 ans quand il apprit la mort de son frère Perdiccas II, et la guerre que se faisaient deux concurrens, Argée et Pausanias, qui voulaient enlever la couronne à son neveu Amyntas. Il s'échappa de Thèbes, et sa présence rendit le calme à la Macédoine, qu'il gouverna d'abord comme tuteur du jeune roi, et qu'il remplaça bientôt. — 359-358. — Il s'occupa de la discipline militaire : les leçons d'Épaminondas lui furent

---

(1) Macédoine (*Basse-Albanie*): bornée au nord, par la Dardanie; à l'ouest, l'Adriatique; au sud, l'Épire; à l'est, le fleuve Nestus (*Nesto*). — Montagnes : Pangeus-Mons (monts *Castagnats*); l'Athos (*Monte Santo*). — Rivières : Strymon (*Jemboli*); l'Axius (*Vasdari*). — Villes : Philippi (*Philippes*, en ruines); Amphipolis (*Jeni-Keui*); Olynthe, Thessalonique (*Saloniki*); Stagyra (*Libanova*); Pella (*Palalia*); Méthone, Dyrrachium (*Durazzo*); Thasos (île de *Tasso*), où se trouvaient les mines exploitées par Philippe. (Ansart; p. 90 et suiv.)

précieuses. Il institua la *phalange* (1); enleva Amphypolis aux Athéniens, en la déclarant ville libre; et, après avoir gagné par des présens les chefs des Pæoniens et des Thraces, il battit les Illyriens. Athènes, à qui il rendit ses citoyens prisonniers sans rançon, fit alliance avec lui. — L'argent lui était indispensable; il trouva dans le pays des Thasiens une mine d'or qu'il fit exploiter, et qui lui rapporta 1,000 talens chaque année. — 357.

II. — Philippe songeait à asservir la Grèce; l'occasion était favorable : Sparte abandonnait les lois de Lycurgue; Athènes était livrée à quelques orateurs fougueux et pleins d'ambition; ces deux républiques paraissaient prêtes à passer sous le joug. La guerre sacrée fournit un prétexte à Philippe. 355. — Les Phocidiens (2) s'emparent d'un champ qui appartenait au temple d'Apollon, à Delphes : le conseil amphictyonique les déclare sacriléges et profanateurs : ils prennent les armes. Philomèle, un des principaux habitans de la Phocide, trouve du secours à Sparte, et arrache des colonnes du temple le décret que les Thébains avaient fait rendre contre sa patrie. La guerre devint générale. Philippe resta neutre; il laissa ses rivaux s'affaiblir : pendant ce temps il créait une marine. Lorsque la lutte eut épuisé les forces de la Grèce, le roi de Macédoine vint demander compte aux Phocidiens du secours qu'ils avaient prêté contre lui au tyran de Phères, et chercha à s'emparer des Thermopyles; mais des

(1) Corps militaire de 1,600 hommes. Placés au centre de l'armée, les soldats étaient rangés sur 100 de front et 16 de profondeur; tous armés de piques, qui, des derniers rangs, dépassaient de deux pieds celles du premier rang. (*Voyage d'Anacharsis*. — Cornélius-Nepos. — Caix et Poirson, p. 346 et suiv.)

(2) Phocidiens, habitans de la partie de la Grèce propre, nommée Phocis, à l'est de l'Étolie. — Villes : Pytho ou Delphes (*Castri*, en ruines), célèbre par le temple d'Apollon; Crissa, regardée comme le port de Delphes; Antycire, dans la Locride; Naupacte (*Lepante* : bataille navale, gagnée par don Juan d'Autriche); Amphissa (*Salona*). — (Ansart; p. 56.)

troupes athéniennes, arrivées au secours de la Phocide, firent échouer cette tentative. — 352.

III. — Après avoir fait oublier à la Grèce, par une inaction apparente, son expédition près des Thermopyles, Philippe reprit ses projets. Olynthe fut attaquée, et Athènes, par les conseils de Démosthènes, le plus grand orateur de la Grèce (1), envoya des secours à son alliée. Olynthe soutint la guerre avec un courage héroïque : la trahison seule en ouvrit les portes aux Macédoniens, et les malheureux habitans furent vendus comme esclaves.—
— Les Phocidiens et les Thébains continuaient la guerre sacrée. Ces derniers, ayant perdu Orchomène et Chéronée, s'adressèrent à Philippe. Athènes envoya en Macédoine dix ambassadeurs, à la tête desquels se distinguaient Eschyne et Démosthènes. Une alliance fut conclue; Philippe envahit la Locride, et mit fin à la guerre sacrée, en 345. Le conseil des Amphictyons l'admit dans son sein et lui donna mission de faire exécuter le décret contre la Phocide. — Cependant, Démosthènes voit dans la conduite de Philippe des dispositions à une guerre d'invasion en Grèce ; il appelle aux armes ses concitoyens, auxquels Phocion conseille la paix. Le peuple, partagé entre ces deux avis, observe mal la paix et fait la guerre avec faiblesse.

IV. — Mais une nouvelle guerre sacrée, suscitée par l'impiété des Locriens d'Amphissa, donne aux Macédoniens une occasion de rentrer en Béotie et en Attique. L'orateur athénien Eschyne, corrompu par l'or de Philippe, le fait nommer généralissime et exécuteur de le sentence du conseil amphictyonique. — Le roi attaque la Locride, et démantelle Élatée, en 338. Athènes et Thèbes ouvrent les yeux

---

(1) Démosthènes vainquit de grandes difficultés pour parvenir à acquérir son talent : il s'exerçait sur les bords de la mer. Il s'empoisonna dans un temple, pour ne pas tomber entre les mains d'Antipater. On a conservé une grande partie des discours de cet homme célèbre. Il lutta avec Eschyne (*pro coronâ*).

et se réunissent : 50,000 hommes, fournis par ces deux villes, marchent contre les Macédoniens, qui sont vainqueurs à Chéronée.

V. — Philippe se montra généreux pour les Athéniens et sévère aux Thébains. Bientôt il songe à une expédition en Asie. Les Grecs sont rassemblés à Corinthe; Philippe leur rappelle leurs anciens griefs contre les Perses, et reçoit le commandement en chef des forces réunies de la Grèce. Mais, au moment du départ, il répudie Olympias pour épouser Cléopâtre, fille d'Attale. Alexandre son fils, irrité de l'outrage fait à sa mère, allait se révolter, quand un jeune officier, nommé Pausanias, frappa Philippe, qui lui avait fait un déni de justice (1).—336.

SEIZIÈME QUESTION.

L'Orient envahi par la Grèce. — Histoire et caractère de la conquête d'Alexandre. — Résultats et limites de son expédition.   (336 - 323.)

QUESTIONNAIRE.

I. Qu'arriva-t-il à la mort de Philippe? — Quelle fut la conduite d'Alexandre? — Quelles étaient ses ressources pour sa guerre contre les Perses? — II. Quelle était la position de la Perse depuis la mort d'Artaxerxès? — III. Quelle fut la marche d'Alexandre? — Memnon, de Rhodes; ses conseils. — Passage du Granique. — Conséquences de cette victoire. — Maladie d'Alexandre. — IV. Bataille d'Issus. — Conquête de la Syrie, de l'Égypte et de la Palestine; soumission de Tyr. — Construction d'Alexandrie. — V. Où Darius fut-il vaincu une troisième fois? — Par qui fut-il assassiné? — Quel fut le sort de Bessus et de Spitamène? — Quelles furent les victimes d'Alexandre? — VI. Quels pays attaqua le roi? — Porus. — Refus des soldats de franchir l'Hyphase. — Comment et où mourut Alexandre? — VII. Quelles sont les limites de ses conquêtes? — Résultats. — Projets du roi.

I. — La mort de Philippe est connue; la Grèce pousse un long cri de joie; Thèbes se révolte et massacre la garnison macédonienne; Démosthènes

---

(1) Caix et Poisson; p. 346 et 357.

exhorte sa patrie à secouer le joug d'un *enfant*. Mais Alexandre prend les armes : les Triballiens sont vaincus ; Thèbes tombe en son pouvoir ; il ruine de fond en comble la capitale de la Béotie (la maison et les descendans de Pindare sont seuls exceptés) ; puis il s'apprête à aller montrer aux pieds des murailles d'Athènes qu'il est un *homme fait*. — La Grèce ploie sous le joug, et Alexandre, héritier des projets de son père, se fait nommer généralissime contre la Perse. Ses préparatifs sont rapides. Antipater gardera la Macédoine avec 20,000 hommes, et la défendra contre les Lacédémoniens, qui ont refusé de prendre part à la confédération hellénique. Son armée se compose de 35,000 fantassins et de 4,500 cavaliers ; sa caisse militaire renferme 70 talents (390,000 francs) ; Parménion sera son lieutenant. A la veille du départ, il distribue ses trésors à ses officiers et à ses soldats, et, ne gardant que l'espérance, il va attaquer Darius Codoman, qui lui opposera 600,000 asiatiques et 50,000 Grecs mercenaires. — 334.

II. — Quelque temps après le traité d'Antalcidas, Artaxerxès est mort ; Ochus lui a succédé, et son règne a présenté les mêmes événemens : révoltes continuelles à l'intérieur, guerres sans succès contre la Grèce. L'eunuque Bagoas dirigeait les volontés de son maître, qu'il empoisonna avec tous ses enfans, à l'exception du plus jeune, nommé Arsès, auquel il donna la couronne ; mais, quand il s'aperçut que le roi voulait s'affranchir de sa tutelle, il lui ôta la vie, et plaça le sceptre entre les mains de Darius Codoman. Doué de grandes qualités, Darius aurait pu rendre à la Perse l'éclat dont elle avait brillé autrefois, s'il n'avait pas en Alexandre pour contemporain et pour rival.

III. — Le roi de Macédoine part de Pella, et arrive en 20 jours à Sestos ; la flotte persane ne lui ferme point le passage : il débarque sans obstacles sur le rivage de l'Asie-Mineure, et visite le tombeau d'Achille. — Darius a rejeté les conseils de Memnon, de Rhodes, qui voulait ravager le pays et se replier devant l'armée grecque : 40,000 hommes vont attendre Alexandre au Granique et lui disputer le passage. Mais cette armée est détruite. Clytus sauve la vie de son roi, qui soumet la Mysie, et entre dans Sardes, capitale de la Lydie. — Aussi politique que grand capitaine, le roi de Macédoine se montre aux peuples comme un libérateur : il rétablit la démocratie, gouvernement cher aux peuples de l'Asie-Mineure. Memnon, son digne adversaire, qui a défendu contre lui Milet et Halicarnasse, veut porter la guerre en Macédoine, pour opérer une diversion utile; mais la mort le surprend au siége de Mitylène. Alexandre n'a plus maintenant de généraux capables d'arrêter sa course. La Cappadoce, la Paphlagonie font leur soumission : la fortune lui est fidèle; et quand la maladie l'arrête à Tarse, après s'être baigné dans le Cydnus, l'habileté de son médecin Philippe, auquel il se confie, le rend à ses troupes alarmées. — 333.

IV. — Les plaines d'Issus voient son second triomphe. Darius est à la tête de 100,000 Asiatiques et de 50,000 Grecs mercenaires : son armée est vaincue; il prend la fuite; sa femme, sa mère et ses trésors tombent au pouvoir du vainqueur, dont la modération augmente la gloire. Damas, Sidon, les villes de Célésyrie reçoivent son armée. Tyr résiste 7 mois, et quand il l'a soumise, il lui donne pour roi Abdolonyme, prince de l'ancienne famille royale, qu'il tire de la pauvreté pour le placer sur un trône —332. Gaza résiste un moment; mais l'Égypte se soumet, et voit le jeune héros rendre hommage à ses dieux et respecter ses croyances et ses coutumes. Fondateur et conquérant, il trace le plan d'Alexandrie, qui doit rendre à l'Égypte sa prospérité et sa richesse, en devenant l'entrepôt commercial de l'Europe, de l'Afrique et de l'Asie. A Jérusalem, il offre un sacrifice au Dieu des Juifs, et exempte le peuple d'impôts pendant l'année sabbatique, à la demande du grand-prêtre Jaddus. — 330.

V. — Lorsqu'il s'est fait déclarer, dans le temple d'Ammon, fils de Jupiter, avec la même facilité qu'il a interprété en sa faveur, et avec le secours de son épée, l'oracle de Gordium, il court chercher, au-delà de l'Euphrate et du Tigre, Darius, dont il a rejeté les propositions de paix. — Arbelles est la troisième journée qui décide du sort de la Perse. Le roi prend la fuite après sa défaite. Babylone, Suze, Persépolis qu'il incendie, Ecbatane sont soumises. —333.— Alors il poursuit le roi fugitif, qui, trahi et assassiné par Bessus, livre la monarchie persane aux Macédoniens. — Alexandre n'a parcouru que la moitié de sa carrière de gloire et de conquêtes; fidèle à son système politique, il adopte les coutumes des Perses. Mais ses soldats sont jaloux de sa modération envers les vaincus; des conspirations se forment contre lui. Alors, il déploie une rigueur excessive : Philotas est envoyé au supplice; Parménion est assassiné par ses ordres. Bessus a osé prendre les insignes de la royauté dans la Bactriane, et organisé une redoutable résistance. Alexandre le poursuit. Livré par Spitamène, l'assassin de Darius meurt du supplice des esclaves. Mais Spitamène, en le trahissant, veut la couronne pour lui; la Sogdiane, qui le soutient, est bientôt soumise, et le vainqueur ternit son triomphe par ses cruautés. Ses amis eux-mêmes éprouvent sa colère : Clytus, qui l'a sauvé au Granique, est assassiné dans un festin : et Callisthènes le philosophe périt pour avoir refusé de rendre au Macédonien les honneurs divins.

VI. — Le fils de Philippe entre dans l'Inde, franchit l'Indus, rencontre Porus qu'il défait et traite en roi. Il se propose de passer l'Hyphase; les murmures et le refus de ses soldats l'arrêtent. Il consacre son passage dans le pays par 12 grands autels; reconnaît l'océan Indien, où il éprouve le flux et le reflux. Néarque, avec sa flotte, fait le tour de son empire, pendant qu'il le parcourt par terre, soumettant tout ce qui résiste encore; puis il rentre à Babylone, où il meurt à 33 ans, des suites de ses fatigues et de son intempérance. 323. — La famille de Darius, tous les peuples vaincus, pleurèrent sa mort(1).

VII. — Voyons maintenant les résultats de cette expédition, dont les limites étaient le Gange, à l'est ; le Iaxartes, au nord ; l'océan Indien, au sud ; les déserts de Lybie et la Méditerranée, à l'ouest. — La conquête d'Alexandre fut juste ; elle délivra la Grèce des dangers et des humiliations que les rois de Perse lui faisaient éprouver depuis 200 ans. Il la rendit salutaire aux vaincus, et acquitta la dette que tout conquérant contracte envers l'humanité. Son administration fut admirable. Digne élève d'Aristote, il mit à profit les leçons de son maître, et employa toute sa puissance à exécuter les projets de civilisation du philosophe de Stagyre : il voulait rapprocher la grande famille humaine par les liens de la religion et du commerce. De nouvelles villes, de nouveaux ports allaient se construire et préparer une transmigration réciproque des Asiatiques en Europe, et des Européens en Asie. Il songeait même, par des alliances entre les deux parties de la terre, à donner une paix générale au monde (2).

_____

(1) Sysigambis, mère de Darius, avait un véritable attachement pour Alexandre. Elle favorisa l'union du conquérant avec Statyra, épouse de son fils. On se rappelle le trait de modération du vainqueur, après la bataille d'Issus. Au moment où Alexandre, suivi d'Éphestion, entre dans la tente des femmes, la mère et l'épouse du monarque vaincu se jettèrent aux pieds d'Éphestion, qu'elles prenaient pour le roi ; lorsqu'on les avertit de leur méprise, et qu'elles cherchaient à s'excuser : « Rassurez-» vous, ma mère, dit le roi ; vous ne vous êtes point trompées, » car c'est un autre Alexandre. »

(2) Voir, pour cette question : Arrien, Diodore de Sicile, Justin, Plutarque. — Montesquieu, Sainte-Croix ; Caix et Poirson, p. 365 et 379.

DIX-SEPTIÈME QUESTION.

Démembrement de l'empire d'Alexandre.—Ambition, rivalités et guerres de ses généraux, jusqu'à la bataille d'Ipsus. (323-301.)

—

QUESTIONNAIRE.

I. Qu'arriva-t-il après la mort d'Alexandre? — Quel fut le résultat de l'assemblée des généraux? — II. Quelles furent les suites de la révolte des Grecs mercenaires? — III. Quelles furent les causes et les suites de la guerre Lamiaque? — IV. Comment Eumène fut-il mis en possession de la Cappadoce? — Qu'arriva-t-il à Perdiccas? — V. Qui occupa la régence? — VI. Que fit Cassandre après la mort de son père? — Qui Polysperchon envoya-t-il en Grèce? — Qu'arriva-t-il à Athènes? — Quelle fut la conduite de Cassandre envers la famille d'Alexandre? — Succès, revers et mort d'Eumène. — Puissance d'Antigone. — Revers d'Antigone. — Assassinat du reste de la famile royale. — VII. Nouvelle guerre. — Démétrius en Grèce. — Antigone et ses rivaux prennent le titre de roi. — VIII. Guerre en Phrygie. — Bataille d'Ipsus. — Dernier partage, après la mort d'Antigone.

—

I. — Après la mort d'Alexandre, les généraux s'assemblèrent, et Ptolémée ouvrit l'avis de partager l'empire entre les capitaines. Mais Perdiccas, soutenu par la cavalerie, fit décider qu'on mettrait sur le trône un fils posthume du conquérant et de Roxane, et la régence fut confiée à Aridée, que proclamait l'infanterie. Mais, pour assouvir l'ambition des autres chefs, il distribua des provinces à 34 d'entre eux (1). Cratère, Léonat, Antipater et Méléagre

———

(1) *Famille d'Alexandre, en 323.*

1° Olympias, mère d'Alexandre; 2° Roxane et Statyra, épouses; 3° Alexandre Aigus, fils posthume et de Roxane; 4° Philippe Aridée, frère; 5° Cléopâtre, sœur d'Alexandre; 6° Eurydice, sœur de Philippe.

Principaux généraux d'Alexandre, et provinces qu'ils gouvernaient.

Ptolémée, Égypte;	Eumène, Paphlagonie, Cappadoce;
Antigone, Pamphylie, Phrygie;	
Cassandre, Carie;	Néoptolème. Arménie;
Léonat, Phrygie de l'Hellespont;	Seleucus commandait la cavalerie;
Peucestas, Perse;	
Laomedon, Syrie;	Cassandre, fils d'Antipater, commandait la garde royale.
Pithon, Médie;	
Lysimaque, Thrace;	

furent associés à la tutelle et à la régence. Tous les généraux se rendirent dans leurs gouvernemens, avec l'intention de renverser Perdiccas, qui ne trouva d'appui que dans Eumène. Celui-ci, plein de reconnaissance pour son ancien maître, resta l'allié fidèle des chefs qui soutinrent la famille royale.

II. — Avant de combattre pour leurs intérêts particuliers, les lieutenans d'Alexandre ont plusieurs révoltes à comprimer : 23,000 Grecs mercenaires, ou colons de la Haute-Asie, veulent retourner dans leur patrie, et prennent les armes. Pithon est envoyé contre eux par Perdiccas, et les défait : tous sont massacrés par les ordres secrets du tuteur des jeunes princes. Il redoute que Pithon ne se serve des vaincus pour se rendre indépendant.

III. — Démosthènes, exilé d'Athènes par l'influence d'Alexandre, apprend la mort du roi, et revient exciter ses concitoyens à la révolte. A sa voix, 19 peuples de la Thessalie, du Péloponèse et de l'Attique se soulèvent. Antipater, gouverneur de la Macédoine, qui marche contre eux, est vaincu à Lamia (1). 322. — Léonat, son collègue, arrivé à son secours, est battu et tué par Léosthonès, chef des conjurés. Sa mort détruit les projets ambitieux que lui avait inspirés son hymen avec Cléopâtre, sœur d'Alexandre. — Antipater, avec les débris de l'armée de Léonat et les troupes de Cratère, défait les Grecs, impose une garnison et une nouvelle forme de gouvernement aux Athéniens, et place Phocion à la tête de cette république.

IV. — Cependant, Ariarathe, roi de Cappadoce (2), refuse de céder son royaume à Eumène. Perdiccas,

---

(1) Lamia, ville de Thessalie : cette guerre prit le nom de *Guerre Lamiaque.*

(2) Cappadoce, province du centre de l'Asie-Mineure (pays de Roum et Caramanie), au sud de la Galatie et du Pont, renfermait la Petite-Arménie et la Cataonie. — Villes : Mazaca (*Kaizariéh*), Nora (*Bour*), Nicopolis (*Divriki*), Thyana, Satala (*Arzingan*). — Montagne : Argeus-Mons (*Argée*), toujours couvert de neige.

réuni à Cratère et Antipater, l'y contraint. Après cette victoire, il veut régner seul; une ligue se forme contre lui; Antipater, Ptolémée, Cratère et Antigone en sont les chefs. Perdiccas s'avance en Égypte contre Ptolémée, et oppose Eumène aux trois autres. 321. — Eumène défait Cratère et Néoptolème, qui périssent à la deuxième bataille. Perdiccas est assassiné par ses soldats. — 320.

V. — Ptolémée dédaigne la régence; Pithon, qui l'a acceptée, la cède à Antipater. Les confédérés font un nouveau partage des provinces, et proscrivent Eumène, qu'Antigone assiège dans Nora. Cependant, Antipater lui envoie du secours, et meurt au moment où une ligue se formait contre lui.

VI. — Cassandre, irrité de ce que son père lui avait préféré Polysperchon pour lui succéder dans la régence, va joindre Antigone, qui, à la tête de 70,000 soldats, commande en roi dans l'Asie-Mineure. Les autres généraux, toujours unis contre le tuteur des rois, marchent, avec Antigone et Cassandre, contre Polysperchon, qui n'a qu'Eumène pour appui. — Pour combattre l'influence du nom d'Antipater, en Grèce et en Macédoine, Polysperchon envoya son fils Alexandre s'emparer d'Athènes et rétablir la démocratie. Le vertueux Phocion est mis à mort; mais Cassandre rentre dans la ville et en confie l'administration à Démétrius de Phalère, qui la dirige 11 ans avec sagesse. — Appelé en Macédoine, contre Olympias et Polysperchon, Cassandre n'arrive pas assez promptement pour prévenir le supplice d'Eurydice et d'Aridée, ordonné par la mère d'Alexandre; mais il le venge en faisant mettre à mort Olympias. Il assure son autorité dans presque toute la Grèce; l'Achaïe, Sicyone et Corinthe restent seules à Polysperchon. 316. — Dans la Haute-Asie, Eumène a d'abord vaincu Antigone, sur les bords du Pasitigre, en 317; mais, trahi l'année suivante par Peucestas, et livré à son ennemi par ses soldats, il est condamné à mort. — 316.

VII. — L'oligarchie militaire des 30 gouverneurs

n'a plus de supports; 5 d'entre eux aspirent à des royaumes indépendans. Antigone, dont l'armée est considérable, veut écraser ses rivaux; il chasse Séleucus de la Babylonie. Celui-ci, réfugié auprès de Ptolémée, fait prendre les armes à Lysimaque et aux deux Cassandre contre son ennemi. — De 314 à 311, la fortune est fidèle à Antigone; ses lieutenans occupent la Grèce centrale, la Béotie, la Locride, l'Eubée, la Phocide et l'Attique; il ne reste à Polysperchon que Sycione et Athènes, et Meyon à Cassandre de Macédoine; celui de Carie est entièrement dépouillé. Ptolémée, qui a conquis les îles de Chypre et de Rhodes, prend la Palestine, la Phénicie et la Syrie, qui lui sont enlevées par Démétrius, fils d'Antigone. Mais la victoire revient aux alliés; Séleucus rentre dans Babylone, dont le traité de 311 lui assure la propriété : l'ère des Séleucides date de cette époque. Tous les avantages du traité sont pour Antigone et son fils. Les deux Cassandre sont dépouillés : le premier, de la Macédoine et de la Grèce; le second, de la Carie. Le royaume d'Antigone a pour bornes l'Hellespont, l'Euphrate et le Nil, et sa position maintient ses ennemis séparés. —Mais après l'assassinat du reste de la famille d'Alexandre, commis par Polysperchon et Cassandre, le premier disparaît de la scène politique. Une nouvelle alliance de Lysimaque, Ptolémée, Cassandre et Séleucus se forme contre Antigone. — Ptolémée commence les hostilités par une invasion en Pamphylie, et la prise de Sycione et de Corinthe. Antigone envoie son fils en Grèce; il s'empare d'Athènes, dont il chasse Démétrius de Phalère. Ptolémée, vaincu à Salamine, retourne en Égypte. Antigone et son fils prennent le titre de roi. Leurs ennemis imitent cet exemple : Séleucus s'affermit dans l'Orient; Cassandre reprend ses avantages en Grèce, où cependant Démétrius Poliorcète le force à lever le siège d'Athènes.

VIII. — Enfin les 4 capitaines rivaux d'Antigone, opèrent leur jonction en Phrygie, où les attendent Antigone et Démétrius. Une rencontre a lieu à

Ipsus — 301. La journée, d'abord favorable à Antigone, est perdue pour lui par une faute de Démétrius, dont le père est tué dans le combat. Poliorcète prend la fuite et se dirige en Grèce : il ne lui reste en Asie que Tyr, Chypre et Sidon. — Cette victoire nécessite un partage définitif : 4 grands royaumes se forment des débris de l'empire Macédonien (1).

DIX-HUITIÈME QUESTION.

Histoire des successeurs d'Alexandre en Macédoine. — Leurs efforts pour asservir la Grèce. — Commencemens et progrès de la ligue achéenne. — Réforme d'Agis et de Cléomène. — Lutte des Achéens contre les Spartiates et les Étoliens. — Alliance de Philippe III avec Annibal. (301 - 215.)

QUESTIONNAIRE.

I. Que fit Démétrius après la bataille d'Ipsus? — Comment se releva-t-il? — Comment Pyrrhus, roi d'Épire, vint-il en Macédoine? — Que fit Démétrius après la mort d'Alexandre? — II. Quel projet insensé forma-t-il? — Quelle fut sa mort? — III. Que se passa-t-il en Macédoine? — IV. Que fit Ptolémée Céraunus pour éloigner Pyrrhus II? — Quels résultats eut l'invasion gauloise? — Par qui les Gaulois furent-ils vaincus? — V. Quels furent les efforts des Spartiates et des Étoliens contre le reste de la Grèce? — Ligue Achéenne. — Aratus; ses projets. — VI. Succès de la ligue achéenne et d'Aratus ; ses progrès. — VII. Qu'était Sparte depuis sa lutte avec Thèbes? — Quelle fut la tentative d'Agis? — Comment échoua-t-elle? — Mort d'Agis. — VIII. Quel fut le projet de Cléomène? — Comment parvint-il à le mettre à exécution? — Succès de Cléomène. — Sa défaite à Sélasie, sa mort en Égypte. — IX. Puissance de la Macédoine. — Guerre des deux ligues. — Paix implorée par les Spartiates et les Étoliens. — Alliance avec Annibal, contre Rome.

I. — Après la bataille d'Ipsus, Démétrius repasse en Grèce avec les débris de son armée; Athènes lui

---

(1) Ces quatre royaumes étaient ainsi divisés et gouvernés :

Égypte, Palestine, Phénicie, Cœlésyrie,	PTOLÉMÉE ;	Thrace, (*Divisée plus tard.*)	LYSIMAQUE ;
Syrie, Mésopotamie, Capadoce,	SÉLEUCUS ;	Macédoine, Thessalie, Ambracie, Acarnanie,	CASSANDRE,

ferme ses portes, mais lui rend ses galères. Une mésintelligence survenue entre Ptolémée, Lysimaque et Séleucus lui permet de se relever; et en conduisant en Asie sa sœur, qu'il donne en mariage à Séleucus, il augmente les garnisons de ses possessions, et retourne en Grèce, où l'appelle un des fils de Cassandre : il reprend Athènes en 297, et Mégare, en 296. — Le fils d'Antipater est mort en 298 ; ses enfans, Alexandre et Antipater, règnent ensemble; mais le dernier a fait périr sa mère, et Alexandre demande secours à Démétrius et à Pyrrhus II, fils d'Æacide, roi d'Épire (1), contre le parricide. Ce prince, arrivé le premier, partage la Macédoine entre les deux fils de Cassandre, après avoir détaché de ce royaume, pour en augmenter le sien, Nymphée, l'Ambracie et l'Acarnanie. — Alexandre tend des embûches à Démétrius, dont les secours lui sont inutiles ; mais il est assassiné dans Larisse, et ses soldats proclament roi de Macédoine, en 295, le fils d'Antigone, qui, dans l'espace de 6 ans, redevient maître de la Grèce entière, à l'exception de l'Épire, de Sparte et de quelques villes du Péloponèse.

II. — Mais Pyrrhus II est un rival redoutable; sa valeur lui fait de nombreux partisans parmi les Macédoniens, que l'orgueil de Démétrius indispose; et celui-ci, en présence des mécontentemens de la Grèce et d'un ennemi hardi et ambitieux, forme le projet insensé d'aller reconquérir l'Asie. — Il rassemble 500 galères et 110,000 soldats. Pyrrhus, Ptolémée, Lysimaque et Séleucus s'unissent. Défait en Asie par Séleucus, et enfermé dans les défilés du

---

(1) Épire (*Haute-Albanie*). Bornes : au nord, l'Illyrie ; à l'ouest, la mer Adriatique ; au sud, le golfe d'Ambracie (golfe de l'*Arta*) ; à l'est, le Pinde. — Villes : Buthrotum (*Butrinto*), Oricum (*Orico*), Nicopolis (*Prevesa*), Ambracia, sur l'Aréthon (*Arta*), Passaro (*Passaron*), Dordone (*Proskinissi*, près de *Gardiki*), fameuse par son oracle. — Mons Acrocérauniens (mont de la Chimère. — Les Molosses, peuples puissans de l'Épire, habitaient les plaines de Janina (*Ali-Pacha*), au sud-est de la Thessalie. (Ansart; p. 53-54.)

mont Amanus, Démétrius se rend, et meurt captif en 286 : Lysimaque et Pyrrhus partagent la Macédoine (1).

III. — Il reste à Antigone de Goni, héritier de Démétrius, une flotte, des trésors et de nombreuses possessions en Grèce. — Pyrrhus chassé de la Macédoine par Lysimaque; la rupture du roi de Thrace avec Séleucus; la mort de Lysimaque, en 282; l'assassinat du roi de Syrie, par Ptolémée, permettent à la famille d'Antigone de se rétablir en Macédoine — 281.

IV. — Ptolémée Céraunus se débarrasse de Pyrrhus en lui prêtant des troupes pour son expédition d'Italie, et défait Antigone de Goni, auquel il enlève la Macédoine, qu'il conserve jusqu'à l'invasion des Gaulois (2). — En 280, deux colonnes gauloises se dirigent sur la Grèce : la première s'arrête en Thrace ; la deuxième, divisée en trois corps, marche en Pæonie et en Macédoine. Belgius, qui commande cette dernière division, défait et tue Céraunus, en 279. — Les Macédoniens prennent successivement Méléagre et Antipater pour rois — 278. — Ces deux souverains sans énergie sont dépouillés par Sosthènes, qui est vaincu par les Gaulois. Ces étrangers pénètrent jusqu'en Phrygie, qu'ils nomment *Gallo-Grèce*; et Antigone, en 278, reprend la couronne après la mort de Sosthènes. Il bat, auprès de Delphes, les Gaulois restés en Macédoine; mais, au moment où il commence à s'affermir, Pyrrhus revient d'Italie, le défait, débauche ses troupes, et le chasse du

---

(1) Dernier résultat de l'empire d'Alexandre (3 divisions) : Égypte, patrimoine des Lagides; Syrie, soumise aux Séleucides; Macédoine, héritiers d'Antigone. (Caix et Poirson; p. 399-403.)

(2) Gaulois, peuples de la Gaule (*Gallia*). Bornes : à l'ouest, l'océan Atlantique; au sud, les Pyrénées et le Sinus Gallicus (*golfe du Lion*); à l'est, les Alpes et le Rhin; au nord, l'océan Germanique. On distinguait la Gaule *Belgica, Braccata, Celtica, Cisalpina, Cispadana, Comata, Lugdunensis, Narbonensis, Transalpina, Transpadana.* (Ansart ; *Géogr. anc.*, p. 17 et suiv.)

royaume. — Toujours avide de conquêtes, Pyrrhus attaque Sparte, où il éprouve un échec, et meurt au siége d'Argos : sa mort fixe la couronne sur la tête des descendans de Démétrius Poliorcète (1).

V. — Les Spartiates et les Étoliens étaient seuls demeurés libres depuis le règne d'Alexandre. Ces derniers avaient une constitution copiée sur celle des Achéens; et, dès 288, la Béotie, Athènes, la Thessalie, la Phocide et Mégare avaient successivement secoué le joug de la Macédoine : les villes de l'Achaïe chassèrent les garnisons qui les opprimaient et rétablirent l'ancien gouvernement fédératif (2). — Antigone et les Étoliens aspiraient à la domination de la Grèce. Depuis 272 jusqu'en 231, ils combattirent contre les Spartiates, les Achéens, les Argiens et les autres peuples qui voulaient la liberté : l'indépendance hellénique tombait sous leurs coups, lorsque parut Aratus. — En 251, il délivre Sycione, opprimée par des tyrans, depuis Philippe, père d'Alexandre : cette ville entre dans la ligue achéenne. — Élu stratège des Achéens à l'âge de 20 ans, Aratus forme le projet d'unir tous les états helléniques par une grande fédération, et de les délivrer de toute tyrannie et domination étrangères.

VI. — Après avoir tenté inutilement de s'attacher la Béotie attaquée par les Étoliens, Aratus unit à la ligue achéenne Corinthe, Mégare, Trézène et Épidaure : de toutes les cités de l'Argolide, Argos seule est dans l'esclavage. Le stratège essaie vainement de lui rendre sa liberté; les secours d'Antigone de Macédoine soutiennent le tyran Aristomaque et son successeur. — Allié des Étoliens, le roi de Macédoine attaque le Péloponèse, mais il est vaincu par

---

(1) Voir Caix et Poirson, p. 403-407. — Plut., *in Demetrius*, ch. 35. — Justin, liv. 24, ch. 2. — Plut., *in Pyrrho*.

(2) Les députés élisaient un *stratége* ou général; des magistrats nommés *apoclètes*, des *éphores*, et un *grammateus* ou secrétaire. La puissance administrative et exécutive leur était confiée.

Aratus, et l'Étolie est menacée. Antigone Doson, tuteur d'Antigone Doni, établit fortement la domination macédonienne en Béotie, en Thessalie et en Phocide. Mais pendant ce temps, Aratus, secondé des Athéniens qui ont secoué le joug, augmente la ligue achéenne des villes de l'Arcadie et de la Messénie. Enfin, en 229, les Étoliens s'unissent aux Achéens, qui possédaient l'Étolie, l'Attique, Mégare, Salamine, la Corinthie, la Sycione, l'Argolide, la Messénie et l'Arcadie. — Les Romains menaçaient à cette époque la Macédoine et la Grèce. Il fallait songer à défendre la commune patrie contre les étrangers. Mais la révolte des peuples détruisit les chances de liberté que la ligue achéenne semblait promettre aux peuples de la Grèce centrale et du Péloponèse.

VII. — Depuis qu'Épaminondas avait attaqué Sparte, cette ville avait éprouvé des défaites qui l'avaient presque ruinée : la Laconie seule lui restait. Agis, monté sur le trône en 244, résolut, en 239, d'opérer une réforme qui rendît aux Spartiates leur ancienne splendeur : il proposa d'abolir les dettes, de partager le territoire et de faire revivre les lois de Lycurgue ; il donna ses biens et ceux de sa famille au peuple. Mais son oncle Agésilas exerce, en son absence, une tyrannie odieuse ; la faction des riches, commandée par Léonidas, irritée des projets d'Agis, fait mettre à mort ce prince et sa famille. Léonidas, devenu roi, n'use du pouvoir que pour augmenter ses richesses.

VIII — Cléomène, qui lui succède en 235, songe à exécuter les réformes projetées par Agis ; mais la résistance que lui opposent les éphores, lui fait comprendre qu'il ne réussira qu'avec l'appui des soldats ; aussi, saisit-il avec empressement l'occasion de faire la guerre, afin de s'attacher les troupes. — Aratus attaqua l'Arcadie avec 21,000 hommes ; Cléomène le défit avec 5,000 soldats. Les Étoliens, après cette défaite des Achéens, abandonnèrent la ligue pour s'unir aux rois de Macédoine et de Sparte. Cléomène, vainqueur, rentre en maître en Laconie, fait mourir quatre éphores, banit le cinquième et 80 de leurs partisans : les lois de Lycurgue sont remises en vigueur; Sparte reçoit un deuxième roi. — Maître absolu dans Sparte, le réformateur reprend les armes contre l'Achaïe, et, après plusieurs victoires successives, demande, pour gage de la paix implorée par les Achéens, le titre de généralissime de la ligue : la jalousie d'Aratus y met obstacle. Il appelle au secours des Achéens Antigone Doson et les Macédoniens ; en 222, ce roi défait à Sélasie, Cléomène, qui se retire en Égypte auprès de Ptolémée Évergètes, dont le successeur, Philopator, le fait jeter et mourir en prison.

IX. — Antigone, par ses succès, augmente la puissance macédonienne en Grèce : sur 28 états helléniques, 25 reconnaissent ses lois. Mais sa mort, remit les armes aux mains des Étoliens et des membres de la ligue. Réunis aux Spartiates, les Étoliens se jettent sur le Péloponèse, et ravagent la Messénie. Aratus demande protection à Philippe — 220. Alors, commence la guerre des deux ligues (1); elle dure 30 ans : les Étoliens, les Spartiates, les Éléens implorent la paix. — Un ennemi terrible menaçait la Grèce, en 213. Philippe III, au nom de la Macédoine et de la Grèce, conclut, avec Annibal et les Carthaginois, un traité d'alliance offensive et défensive contre les Romains (2).

---

(1) La ligue achéenne sous les drapeaux de Philippe, se composait de Macédoniens, Thessaliens, Épirotes, Phocidiens, Béotiens, Acarnaniens, Eubéens, Achéens, Messéniens.—Les Étoliens (*) avaient pour eux les Éléens, les Ambraciens(**), les Spartiates.

(2) Voir Polybe, liv. IV, ch. 15-25. — Plut., *In Arat.*, et *Vie de Cléomène.* — Caix et Poirson, p. 380-439.

(*) L'Étolie *(Ætolia)*, à l'est de l'Acarnanie, avait pour ville principale Thermus (en ruines).

(**) Ambracie *(Ambracia)*, sur le fleuve Aréthon *(Arta)*, ancienne capitale des états de Pyrrhus, ville du pays des Molosses, faisait partie de l'Épire (Haute-Albanie). Les autres cités étaient Passaro, capitale des Molosses, Dodone (*Proskynisis*, près de Mardiki). — Ansart, p. 83.

DIX-NEUVIÈME QUESTION.

Décadence de la Grèce et de la Macédoine, jusqu'à la ruine de Corinthe. (215-146.)

QUESTIONNAIRE.

I. Quel service Philippe pouvait-il rendre à Carthage? — Quelles villes assiégea-t-il? — Comment les Romains furent-ils prêts à combattre? — Victoire de Lévinus. — Quels ennemis Rome suscita-t-elle à Philippe? — Il ne sait pas profiter de ses victoires. — Traité de 205. — Crimes de Philippe. — II. Guerre contre Attale. — Les Romains en Macédoine. — Succès et retraite de Sulpicius. — Flaminius. — Bataille de Cynocéphale. — Philippe vaincu. — La Grèce déclarée libre, à Corinthe. — III. Quelle fut la conduite de Flaminius? — Nabis opposé à Philopœmen. — Les Étoliens mécontentés. — Qui appellent-ils en Grèce? — Défaite et retraite d'Antiochus. — Soumission de l'Étolie. — Mort de Philopœmen. — Soumission des Achéens. — Défaite de Persée, sa mort. — Réduction de la Macédoine en province romaine. — Prise et destruction de Corinthe. — Comment la Grèce fut-elle entièrement réduite?

I. — Philippe de Macédoine qui venait de contracter, au nom de la Grèce et au sien, une alliance avec Carthage, pouvait être d'un puissant secours à Annibal. Sa flotte, en transportant son armée en Italie, eût peut-être assuré la victoire de Cannes, et la puissance romaine aurait reçu un rude échec; mais, en assiégeant Apollonie (1), et en s'emparant d'Orique, il perdit un temps précieux. Rome équipa 120 galères, et le consul Valérius Lévinus détruisit la flotte macédonienne, à l'embouchure de l'Aoüs, en 214. — Plucratus, roi d'Illyrie, forma une ligue avec les Athéniens, les Éléens, les Étoliens et les Spartiates; le sénat assura aux confédérés la propriété des villes dont ils pourraient s'emparer : la guerre dura 6 ans, de 212 à 205. Le Macédonien ne sut pas profiter de ses victoires sur les Étoliens et le romain Sulpicius, ni de celles de Philopœmen, qui

---

(1) Apollonie (*Bolina*), près du fleuve Aoüs (*Voïoussa*), ville de la partie de la Macédoine nommée Illyrie grecque (*Illyris græca*), et dans la suite Albanie, nom qu'elle conserve encore.

raffermit la ligue achéenne. Il conclut un traité de paix avec la république, au moment où toutes les chances de la guerre étaient pour lui — 205. — Pendant que les Romains augmentaient leur puissance, Philippe se déshonorait par des crimes qui le perdaient dans l'esprit de ses alliés, outrageait le jeune Aratus, ravageait la Messénie, empoisonnait Aratus le père, et envoyait des assassins dans Argos, pour frapper Philopœmen, afin de dominer la ligue achéenne.

II. — 205. Philippe attaqua Attale, roi de Pergame, allié des Romains, et s'assura l'entrée des états de son rival, en s'emparant de six villes grecques sur les côtes de la Mysie : 4,000 Macédoniens furent envoyés à Annibal, en 202, avec de grandes sommes d'argent. — Rome, irritée, prit les armes et envoya Sulpicius en Grèce. Cinq peuples se déclarèrent contre Philippe (1), que la victoire abandonna au Lieus, à Astacus et à Octolophe. Le consul, cependant, fut obligé de revenir sur ses pas, à cause du manque de vivres et de l'insuffisance numérique de ses troupes. Mais Flaminius revint en Grèce, en 198. Il mit en œuvre le mécontentement des alliés de Philippe, les négociations, les surprises, la force des armes, détacha tous les peuples de la Macédoine, et défit l'armée ennemie à Cynocéphale (2), en 197. Philippe consentit au traité humiliant que lui imposa le vainqueur. Aux jeux isthmiques (3), Flaminius proclama, au nom du sénat, la liberté de la Grèce. Une joie stupide enivra ces peuples, qui ne sentirent pas qu'une nation que l'étranger déclare libre, doit bientôt perdre son indépendance.

III. — Vainqueur de la Macédoine, Flaminius

----

(1) Les cinq peuples qui se déclarèrent contre Philippe furent les Athéniens, les Illyriens, les Athamanes, les Étoliens, et Nabis, tyran de Sparte.

(2) Cynocéphale, ville de Thessalie dans le canton appelé Pélasgiotide (*Pelasgiotis*), nom qu'il tenait des Pélasges, ses anciens habitans.

(3) Les jeux isthmiques se célébraient à Corinthe.

s'occupa d'empêcher toute confédération hellénique ; Nabis, vaincu par lui, ne fut pas entièrement détruit : il en avait besoin pour l'opposer à la ligue achéenne, commandée par Philopœmen. — Les Étoliens, qui avaient combattu pour les Romains à Cynocéphale, furent mécontentés à dessein : on leur refusa la Thessalie. Ils prirent les armes et appelèrent Antiochus en Grèce. Les Romains lui opposèrent Philippe, qui se releva un moment avec leur appui. Acilius Glabrion et Caton vainquirent le roi de Syrie aux Thermopyles ; il fut contraint de se retirer en Asie. Alors, les Étoliens passèrent sous le joug : ils livrèrent leurs armes, leurs chevaux, et payèrent 1,000 talens euboïques (2,750,000 fr.), en 189. — La ligue achéenne subsistait encore ; elle comprenait toutes les contrées du Péloponèse. Philopœmen, qui faisait sa force, fut assassiné par ordre du sénat, et à sa mort les Achéens demandèrent la paix. Un député nommé Callicrate vint implorer l'alliance de Rome. La réponse du sénat fut aussi lâche que la prière : la république accorda son alliance et se réserva d'anéantir l'Achaïe après la soumission de la Macédoine. — Persée, en 178, venait de succéder à Philippe. Pendant 6 ans il travailla à rechercher l'alliance des Grecs. En 171, une rupture éclata avec Rome ; et le roi n'osa achever la victoire commencée sur les bords du Pénée. Son avarice lui enleva des auxiliaires. Il se défendit pendant 3 ans ; mais Marcius et Paul-Emile franchirent les défilés de la Macédoine. Persée fut vaincu à Pydna, et après avoir orné la char des triomphateurs, il périt dans un cachot. —Andriscus, un imposteur, se fit proclamer roi de Macédoine, après le décret qui divisait ce pays en trois districts, en 148. Métellus, envoyé contre lui, le défit à Pydna et réduisit le pays en province romaine. Des commissaires partirent de Rome pour les villes grecques, et les préparèrent au sort qui les attendait. Le désespoir ranima un instant le courage des Achéens ; mais ils furent battus par Métellus, à Scarphée en Locride. Mummius s'empara de Corinthe, qu'il ruina complétement ; et, sur les débris fumans de cette cité, il annonça à toute l'Achaïe, que désormais elle était province du Grand Empire (1). —146.

VINGTIÈME QUESTION.

Religion, gouvernement, institutions, mœurs et coutumes des Grecs.

QUESTIONNAIRE.

I. Quelle fut la première religion des Grecs ?— Quels étaient les principaux dieux ?— Quelles attributions avaient-ils ? — II. Quel culte leur rendait-on ? — Jupiter, Junon, Minerve ; temple d'Olympie. — Argos. — Mystères d'Éleusis. — III La divination n'était-elle pas la base de la religion grecque ? — Présages ; explication des songes ; oracles de Delphes. — IV. Quelles furent les différentes modications du gouvernement chez les Grecs ? — Qu'y eut-il après l'abolition de la royauté ? — L'aristocratie put-elle se soutenir ? — Puissance du peuple. — V. Quelles sont les deux institutions qui survécurent à l'abaissement de la Grèce ?—Qu'étaient les jeux olympiques ?—Honneurs rendus aux vainqueurs, les Olympiades. — Qu'est-ce que le conseil amphictyonique ? —Par qui fut-il établi ? — De quels peuples se composa-t-il d'abord ?

I. — Les Grecs, comme tous les peuples sauvages, divinisèrent les élémens ; tous les actes, tous les momens de la vie furent placés sous la protection de quelque divinité. Les besoins, les passions des hommes multiplièrent les dieux. On en comptait 12 principaux (2). On leur assignait diverses

(1) Voir, pour cette question, Caix et Poirson, p. 441-445.— Plut., *Vie de Philopœmen* et *Vie de Flaminius.* — Polybe, liv. XVII.

(2) *Jupiter, Junon, Vesta, Minerve, Cérès, Diane, Vénus, Mars, Mercure, Vulcain, Apollon et Neptune.* — *Jupiter,* emblème du pouvoir générateur, lançait la foudre ; *Junon,* sœur et épouse de Jupiter, présidait aux mariages ; *Minerve,* déesse de la sagesse, était l'inventrice des arts ; *Cérès,* déesse des moissons, enseignait l'agriculture ; *Diane* (ou la lune) était l'Isis des Egyptiens ; *Vénus* était la mère des amours ; *Mars,* dieu de la guerre, était surtout adoré en Laconie ; *Mercure* était le messager des dieux et avait le commerce sous sa protection ; *Neptune* était le

demeures : les uns furent placés dans le ciel, d'autres habitaient la mer ; ceux-ci sur la terre, ceuxlà aux enfers, lieux où les méchans étaient condamnés à divers supplices.

II. — Pour rendre hommage à ces divinités, les peuples de l'Hellade instituèrent des fêtes religieuses, des sacrifices, élevèrent des temples, entretinrent des prêtres chargés du culte et de l'explication des volontés des dieux. Les premières offrandes furent les fruits de la terre; puis on immola des animaux; enfin, le sang humain rougit les autels (1). — Jupiter était honoré sous différens noms qui représentaient les attributs distincts de la puissance. Phidias, le sculpteur, lui avait élevé une statue célèbre dans le temple d'Olympie (2). — Junon recevait les prières des habitans d'Argos (3), dont elle était la protectrice. La fête de la sœur du maître de l'Olympe attirait dans l'Argolide une foule immense de spectateurs. Athènes célébrait, en l'honneur de Minerve, de Bacchus et de Cérès, les panathénées, les mystères d'Éleusis. A Delphes, la Pythie rendait les oracles d'Apollon : le trésor de ce temple, composé de dons volontaires, était immense.

III. — La divination fut une des principales bases de la religion grecque ; il exista de nombreux interprètes des pensées des dieux : ce furent les devins, les sages. Les inspirations, les songes, les présages furent expliqués; les entrailles des victimes consul-

---

dieu des eaux ; *Vulcain*, dieu du feu ; *Apollon*, dieu du jour et père de la poésie. —*Bacchus* n'était qu'au rang des demi-dieux ; néanmoins, son culte était fort répandu dans la Grèce : c'était le dieu des vendanges. — Varron compte 30,000 noms de divinités chez les Grecs.

(1) Thémistocle sacrifia trois jeunes perses à Bacchus avant le combat de Salamine.

(2) Olympie, territoire situé sur les bords de l'Alphée, *Alphœus* (*Orphea ou Rouphia*), était consacré à Jupiter ; les jeux olympiques s'y célébraient tous les quatre ans.

(3) Argos, cap. de l'Argolide, surnommé par Homère *Hippobotos* (qui nourrit des chevaux), avait pour port Nauplia (*Napoli de Romanie*). — Anac. ut. p. 95.

tées par les augures, autorisaient ou défendaient une entreprise. Les philosophes attaquèrent les superstitions; déjà, à l'époque d'Épaminondas, l'oracle de Delphes avait perdu une partie de son crédit.

IV. — Chez les Grecs, le gouvernement subit de fréquentes modifications. La royauté, abolie, fut remplacée par une aristocratie partout trop faible; la démocratie régnait dans la plupart des cités. La législation de Lycurgue et de Solon servit de texte à la plupart des législateurs contemporains et à ceux qui les suivirent. Sparte et Athènes, corrompues par Pisistrate et Lysandre, qui introduisirent le goût du luxe et les richesses, oublièrent bientôt une partie des lois qui pouvaient assurer leur bonheur. Le peuple envahit l'autorité et se laissa dominer par ses passions ou par des orateurs factieux ou vendus à l'étranger. La Grèce périt par la rivalité des différens états qui la composaient.

V. — Deux institutions subsistèrent après son abaissement : les jeux olympiques et le conseil des amphictyons. Fondés par Hercule, les exercices d'Olympie étaient présidés par les Éléens. Ces fêtes nationales, dont le retour périodique servait de chronologie, suspendaient les guerres de la Grèce. Les vainqueurs à la lutte, à la course, soit à pied, soit à cheval ou en char, étaient couronnés d'olivier, et leurs noms, inscrits sur des registres, étaient célébrés par les poètes des différentes contrées; on leur élevait des statues. — Le conseil amphictyonique, institué par Amphictyon, en 1510, ne comprenait, à son origine, que les peuples du voisinage de Delphes, où il se réunissait. Plus tard, les peuples de race hellénique y furent admis; après la guerre sacrée, les Macédoniens remplacèrent les Phocidiens et les Lacédémoniens. Les Amphictyons jugeaient les différends entre les peuples, mais rarement ils prévinrent les hostilités; le plus souvent il furent impuissans ou tyranniques (1).

---

(1) Barthélemy; *Voyage d'Anacharsis.* — Caix et Poirson; ch. 12, 13 et 14. — Les 10⁰ et 11ᵉ questions du *Manuel.*

VINGT-UNIÈME QUESTION.

Notions sommaires sur la philosophie, les lettres, les sciences et les arts chez les Grecs.

—

QUESTIONNAIRE.

I. Quelle fut l'origine de la philosophie grecque ? — Quels sont les principaux fondateurs des Écoles? — Anaximandre, Pythagore, Socrate et Aristote. — II. Quelle était la littérature grecque aux temps héroïques? — Quel caractère réunissaient les poètes de l'époque? — Orphée, Linus, Musée. — III. Qu'étaient les rhapsodes? — Homère, homérides. — Hésiode; ses ouvrages. — Quelle fut la littérature au temps de Solon? — Poésie gnomique. — Anacréon, Stésichore. — Les neuf muses. — Corinne, Sapho. — V. Comment Eschyle créa-t-il la tragédie moyenne? — Quelles œuvres dramatiques existaient avant lui? — Thespis, Amphion, Sophocle, Euripide, Aristophane, Ménandre. — VI. Quel fut le premier historien grec? — Hérodote, Thucydide, Xénophon. — Éloquence : Démosthènes, Isocrate, Isée. — VII. Quels furent les premiers mathématiciens, médecins et artistes de la Grèce? — Thalès, Pythagore, Hippocrate, Phidias, Apelles, Zeuxis, etc.

—

I. — L'histoire de la philosophie grecque commence ordinairement avec les sept sages de la Grèce ; et cependant, ces hommes n'étaient ni écrivains, ni philosophes (dans le sens qu'on attache à ce mot); ils professaient quelques vérités morales, qui étaient leur règle de conduite, et qu'ils proposaient à leurs concitoyens. — Après eux commencèrent les écoles. Anaximandre fonda celle d'Ionie; Pythagore celle d'Italie; Xénophon, l'école éléatique. Ces différentes sectes se réunirent à Athènes, vers la fin du V° siècle (avant J.-C.). Socrate, si célèbre par ses vertus, son jugement et sa mort; Socrate, l'ami et le précepteur de Xénophon, d'Alcibiade et de Platon, fonda l'école Académique; il jugea plus utile d'établir les principes de la morale, que ceux de la physique et de la dialectique. Aristote, précepteur d'Alexandre, embrassa toutes les connaissances des Anciens, donna les préceptes de la politique, et, le premier, consacra les théories littéraires : jusqu'à lui, l'histoire de la littérature grecque embrasse un espace de 12 siècles.

II. — Les temps héroïques virent naître la poésie, par laquelle commence toujours la littérature d'un peuple. Les poètes célébraient les dieux et les héros ; presque tous réunissaient le triple caractère de chantres, de pontifes et de prophètes. Linus, Olen, Olympus, Philémon, Mélampus adoucirent les mœurs par leurs accents : Orphée et Musée sont les plus célèbres de cette époque.

III. — Mais bientôt se forma, en Ionie, une autre école poétique : les rhapsodes composèrent les hymnes qui se chantèrent dans les solennités nationales ; les plus illustres familles de la Grèce furent célébrées par eux. Homère est le premier de cette époque ; les homérides chantaient, en s'accompagnant de la cithare, les œuvres de leur chef ; ils furent imités en Europe, et Hésiode, né à Cumes, vit répéter partout ses *Travaux*, sa *Théogonie* et la *Hérogonie*, dont il reste un fragment.

IV. — Le génie de la liberté inspira la poésie lyrique : Callinus, en Ionie, et Tyrtée, dans la Grèce, excitaient les guerriers au combat. — Avec les Pisistratides, Athènes devint le centre des lettres et des arts ; on y admira, on y récompensa le génie ; la poésie dramatique prit naissance ; l'éloquence politique devint la source du pouvoir ; l'histoire recueillit les inscriptions, les traditions anciennes. Solon le législateur, Théognis, de Mégare, se livrèrent à la poésie *gnomique* (sentencieuse) ; Stésichore, d'Himère, Anacréon, de Théos, appelés à Athènes par Hyppias, devinrent les modèles de poésie du genre le plus gracieux ; Pindare inventa l'ode, pour les dieux et les héros ; et 9 femmes grecques, surnommées *les neuf Muses*, à la tête desquelles sont Sapho et Corinne, se montrèrent les émules de ces poètes.

V. — Eschyle remplaça, par la tragédie moyenne, celle inventée par Thespis et Amphion ; aux chœurs de satyres, le visage rougi de lie vin, le front armé de cornes, succédèrent les chœurs d'hommes. Après Eschyle, Euripide et Sophocle virent toute la Grèce applaudir à leurs chefs-d'œuvre. Ménandre créa la comédie nouvelle, où les personnages imaginaires tinrent lieu des personnages réels traduits sur la scène par Phérécrate, Platon et Aristophane.

VI. —484. — Hérodote d'Halicarnasse fut le père de l'histoire; avant lui, les Grecs cultivaient la logographie (récit des traditions anciennes). Treize ans après, naissait à Athènes Thucydide, modèle des historiens grecs; son récit de la guerre du Péloponèse est un des ouvrages les plus précieux qui nous soient parvenus. Xénophon fut à la fois guerrier, philosophe et historien; il a laissé une *Histoire grecque,* l'*Expédition du jeune Cyrus* et la *Cyropédie,* qui le placent entre Hérodote et Thucydide. — L'éloquence dut naître des discussions publiques, auxquelles pouvait prendre part tout citoyen dans un état populaire. Pisistrate, Cimon, Thémistocle et Alcibiade durent être les premiers orateurs de leur siècle : les grammairiens ont distingué ces hommes célèbres de ceux dont l'éloquence fut la profession; ils en comptent 10, parmi lesquels Lysias, Isocrate, Isée, Hypérides, Eschyne et Démosthènes, tiennent le premier rang.

VII. — Les premières notions de mathématiques et d'astronomie furent apportées d'Égypte en Grèce par Thalès, de Milet. Anaximandre expliqua la construction des cadrans solaires, les tropiques et les équinoxes; Pythagore enseigna l'usage des chiffres égyptiens et du théorème qui porte son nom. Après lui, les plus célèbres furent : Archytas, de Tarente; Théodore, de Cyrène, Euxode, de Gnide, etc. — Esculape, dans le XIVe siècle (avant J.-C.), fut mis au rang des dieux, pour avoir donné les premières connaissances en médecine; ses descendans, les *Asclépiades,* les conservèrent comme un dépôt sacré. Ils se partagèrent en deux écoles rivales : celle de Gnide, et celle de Cos, dont Hippocrate (1) est le

---

(1) Nous sommes redevables à MM. Lallemand et Pappas d'une nouvelle traduction des *Aphorismes d'Hippocrate* : le nom des traducteurs dispense de tout éloge. (Chez Boehm et Cie, imprimeurs-éditeurs, à Montpellier.)

chef. — L'architecture dorique, ionique et corinthienne atteste les progrès de la Grèce. La sculpture fut honorée par les talens de Phidias, de Polyclète, de Lysippe et de Praxitèle. Zeuxis, Parrhasius et Apelles poussèrent la peinture à une perfection que n'avaient pu atteindre les inventeurs. — En un mot, la Grèce, par la variété et le nombre des talens qu'elle renfermait, devait être la maîtresse du monde entier, qui, chaque jour encore, va chercher des modèles dans ce pays, que l'esclavage auquel l'ont soumis les Turcs, n'a pu priver de ses titres de gloire et d'admiration aux yeux de la postérité.

VINGT-DEUXIÈME QUESTION.

Histoire des successeurs d'Alexandre en Égypte, jusqu'à la réduction de cette contrée en province romaine.
(301 - 30.)

QUESTIONNAIRE.

I. A qui appartint l'Égypte après la mort d'Alexandre? — Quels furent ses travaux et ses conquêtes? — II. Pourquoi Ptolémée II fut-il nommé Philadelphe? — Traduction des *Septante*. — Ses persécutions envers sa famille. — III. Quelles furent les conquêtes de Ptolémée Évergètes? — IV. Qui lui succède? — Lutte contre Antiochus-le-Grand. — Victoire de Raphia. — Inconduite de Philopator : pourquoi ce surnom? — V. Qui succéda à Philopator? — Troubles sous son règne. — Comment mourut-il? — VI. Qui administra l'Égypte à la mort d'Épiphane? — Évergètes II. — Guerre avec Antiochus. — Popilius. — Partage entre les deux frères. — Évergètes à Rome; son retour en Égypte; ses crimes; troubles a sa mort. — VII. Règne d'Alexandre II. — Assassinat de Bérénice. — Mort d'Alexandre II. — Ptolémée Aulètes. — Crassus. — VIII. Histoire d'Égypte confondue avec celle de Rome. — Cléopâtre. — Ptolémée. — Assassinat de Pompée. — César, il défait Ptolémée et Achillas. — Mort du roi. — Deuxième mariage de Cléopâtre. — Antoine. — L'Égypte réduite en province romaine.

I. — Ptolémée Lagus, surnommé *Soter* par les Rhodiens, avait eu l'Égypte en partage à la mort d'Alexandre, et s'y était affermi. En 301, après la bataille d'Ipsus, il réunit à son royaume la Phénicie et la Cœlésyrie; plus tard, en 286, il enleva à Démétrius Tyr, Sidon et l'île de Chypre; profitant de la paix qui succéda à 20 ans de combats, pour embellir Alexandrie (1), il commença la tour de Pharos, fonda une Bibliothèque, protégea les sciences et les arts. Il avait deux enfans : Ptolémée, fils de Bérénice, et Céraunus, né d'Eurydice; il abdiqua en faveur du premier, deux ans avant sa mort, en 285.

II. — Ptolémée, auquel les Égyptiens donnèrent ironiquement le nom de *Philadelphe,* à cause des persécutions sanglantes dont il frappa sa famille, régna 38 ans avec gloire. En 278, il fit traduire en grec les livres hébreux, et publia cette traduction des *Septante,* que quelques critiques attribuent à son père. Il favorisa les progrès de l'astronomie, conclut un traité d'alliance avec les Romains, vainqueurs de Pyrrhus, et défendit la Grèce contre Antigone Gonatas; mais l'assassinat de ses deux frères, Argène et Méléagre, ont obscurci la splendeur de son règne.

III. — Ptolémée Évergètes *(Bienfaisant),* son fils, lui succéda en 247. Il envahit la Syrie, franchit l'Euphrate, soumit Babylone, la Suziane et la Perse. Il rendit à l'Égypte les images des dieux, enlevées par Cambyse; la ligue achéenne fut protégée par lui. Il mourut en 222, après un règne de 25 ans.

IV. — Son fils, que le surnom de *Philopator* ne mit pas à l'abri du soupçon d'avoir empoisonné son père, soupçon que justifient ses cruautés envers sa famille; son fils, abandonnant l'autorité à des favoris incapables, vit Antiochus-le-Grand, roi de Syrie, attaquer l'Égypte. Philopator eut des craintes sérieuses; déjà les villes de l'Arabie étaient au pouvoir des ennemis, quand, à la journée de Raphia, en 216, Antiochus fut vaincu. Cette victoire, en rendant au monarque égyptien sa sécurité, sem-

---

(1) Un canal faisait communiquer Alexandrie avec le Nil, et une chaussée, sur laquelle la ville actuelle est construite en grande partie, la joignait à l'île de Pharos, sur laquelle Ptolémée fit construire une tour surmontée d'un fanal pour éclairer les vaisseaux; de là le nom de *phare* donné à cet édifice et à tous ceux de ce genre.

bla l'autoriser à se plonger dans de nouveaux excès.
Il mourut en 205, accablé du mépris et de la haine
de ses sujets.

V. — Sous le règne de Ptolémée Épiphane, qui
occupe le trône à l'âge de 5 ans, l'Égypte, agitée par
les troubles occasionés par ceux qui se disputent la
tutelle du jeune prince, n'est sauvée d'une ruine
complète que par Antiochus de Syrie, qui traite au
nom du jeune roi, auquel il donne sa fille en mariage,
en 198. Tour à tour les villes de l'Égypte, soulevées
par des ambitieux, se révoltent contre l'autorité
royale. Épiphane, aidé par les Grecs mercenaires,
passe sa vie à soumettre les rebelles : il meurt empoisonné par ses courtisans, que menaçaient son avarice et sa cruauté — 181.

VI. — Le nouveau roi d'Égypte était bien jeune ;
mais sa mère, Cléopâtre, administra le royaume
avec sagesse. A la mort de cette princesse, Antiochus Épiphane attaqua le jeune Philométor, battit
ses tuteurs près de Péluse, et fit le roi prisonnier,
en 170. — Évergètes II, frère de Ptolémée Philométor, administra le royaume pendant sa captivité,
et régna ensuite 2 ans avec lui. Dans l'espoir d'une
rivalité entre les deux frères, Antiochus avait rendu
la liberté au roi d'Égypte ; mais il fut trompé dans
son attente : il marchait à la tête de son armée contre les Égyptiens, quand l'ambassadeur romain,
Popilius, l'arrêta (1). Un partage eut lieu entre les
deux frères. Évergètes, mécontent, se rendit à Rome
pour réclamer auprès du sénat. En 146, quand la
mort de son frère lui permit d'aspirer à la couronne
d'Égypte, il réussit à tromper sa mère, épousa la
veuve de Philométor et fit périr son neveu Eupator.
Dans la suite de son règne sa conduite répondit à ce
crime atroce. Les Égyptiens le forcèrent à quitter
Alexandrie ; cependant il parvint à y rentrer en

---

(1) Popilius traça avec sa baguette un cercle sur le sable autour d'Antiochus, et lui défendit d'en sortir avant d'avoir pro-
mis d'obéir aux volontés de Rome.

maître et à forcer ses sujets à l'obéissance. Il fut flétri du nom de *Kakergète (malfaisant)*, et de celui de *Physcon (ventricosus)*. — A la mort d'Évergètes, sa veuve Cléopâtre, pendant 56 années, place sur le trône et en chasse tour à tour ses deux fils Ptolémée Soter II et Alexandre I". Ce dernier prévint sa mère, qui voulait le faire périr, et l'empoisonna. Ce parricide et la violation du tombeau d'Alexandre-le-Grand révoltèrent contre lui ses sujets, qui rendirent le trône à Soter II ; et celui-ci, après avoir vaincu Alexandre, mourut en laissant le sceptre à une fille nommée Bérénice.

VII.—Alexandre II, fils d'Alexandre I", soutenu par Sylla et les Romains, épousa Bérénice, mais la fit mourir après dix jours de mariage. Les Égyptiens l'assassinèrent dans le Gymnase. Rome se porta pour héritière, en vertu d'un testament d'Alexandre ; mais les Égyptiens, à l'extinction de la famille des Lagides, donnèrent le trône à Ptolémée Aulètes, fils naturel de Soter II. Crassus se fit son protecteur auprès du sénat, qui refusait de le reconnaître et considérait déjà l'Égypte comme une de ses provinces. Cependant, 59 ans avant J.-C., on lui accorda le titre de roi. Chassé de l'Égypte par ses sujets, il se rendit à Rome, et Pompée fit rentrer les rebelles sous sa domination, en 52.

VIII. — Les vingt-deux dernières années de l'histoire d'Égypte se confondent avec l'histoire de Rome. Ptolémée Aulètes, en mourant, avait ordonné le mariage de son fils et de sa fille Cléopâtre. La princesse, plus âgée, s'attribua la plus grande partie de l'autorité ; une révolte la contraignit de se retirer en Syrie. Pendant ce temps, Pompée, vaincu à Pharsale par César, vint demander asile à Ptolémée : il fut assassiné par celui qui lui devait le trône (1). César, indigné de ce crime qui lui enlevait la gloire de pardonner à son rival, et séduit par les charmes de Cléopâtre, se prononça en faveur de la jeune reine.

----

(1) Voir la *Mort de Pompée*, tragédie de Corneille.

Ptolémée prit les armes ; 22,000 Égyptiens commandés par Achillas, furent vaincus par les 5,000 Romains de César : le roi périt dans le Nil. Cléopâtre, mariée par le vainqueur à son second frère, Ptolémée XIII, régna 4 ans avec lui, et, en 44, devint seule maîtresse du trône, par la mort de son époux. Elle séduisit Antoine, qui l'avait fait mander à son tribunal : le collègue d'Octave sacrifia son ambition à un amour insensé. Vaincu à Actium, par la lâcheté des Égyptiens, il se donna la mort ; et Cléopâtre, pour ne pas orner le triomphe d'Octave, imita l'exemple de celui qu'elle avait perdu. — Après 294 ans d'existence politique sous les Lagides, l'Égypte devint province romaine.

VINGT-TROISIÈME QUESTION.

Histoire des successeurs d'Alexandre en Syrie, jusqu'à la réduction de cette contrée en province romaine.

(281 - 264.)

QUESTIONNAIRE.

I. A qui la Syrie appartenait-elle au moment de la bataille d'Ipsus? — Quel fut le règne de Séleucus? Quelles victoires remporta-t-il? — Sa mort. — II. Quel fut son successeur? — Quelle alliance contracta-t-il avec Antigone Gonatas? — Lutte entre les Gaulois et l'Égypte. — III. Qui surnomma Antiochus II *Théos* ? — A quel projet dut-il renoncer? — Comment se termina son expédition en Égypte? — Il est empoisonné par Laodice, sa première femme. — Fondation du royaume des Parthes. — IV. Pourquoi le roi d'Égypte déclara-t-il la guerre à Séleucus II? — Quel fut le règne de ce prince? — Sa mort. — V. A qui succéda Antiochus le Grand? — Ses expéditions dans l'Inde et en Égypte. — Pourquoi passa-t-il en Grèce? — Quelle fut l'issue de son expédition? — Il pille le temple de Bélus. — Comment mourut il? — VI. Quelle fut l'influence des Romains en Syrie? — Séleucus est arrêté par eux. — Quelle fut la démarche de Popilius auprès d'Antiochus Épiphane? — Persécution des Juifs. — Les Machabées. — Usurpation d'Alexandre Bala. — Comment se termine l'histoire de Syrie? — Réduction de cette contrée en province romaine.

I. — Lorsque la victoire d'Ipsus eut assuré aux rivaux d'Antigone les états qu'ils gouvernaient, Séleucus augmenta son royaume de la Cappadoce et de l'Arménie ; il fonda, sur l'Oronte, Antioche qui devint sa capitale ; il encouragea le commerce, établit une communication, par le Cyrus et l'Iaxartes, avec la mer Caspienne, et céda à son fils Antiochus son épouse Stratonice et le gouvernement de la Haute-Asie. Salué du titre de *Vainqueur des vainqueurs*, quand il eut défait Démétrius et Lysimaque, en 280, il fut assassiné par Ptolémée Céraunus, frère de Philadelphe, pendant un sacrifice, et son meurtrier se fit proclamer roi de Thrace.

II. — Antiochus Soter, fils de Séleucus, monta sur le trône en 279; il soutint faiblement le fardeau d'un aussi glorieux héritage. Allié avec Antigone Gonatas, auquel il donna sa sœur Phila en mariage, il lui céda la Macédoine. Il dut lutter contre les Gaulois, qu'il ne vainquit qu'au moyen de ses éléphans. La guerre qu'il déclara à Ptolémée Philadelphe fut sans résultat heureux. Il mourut à Éphèse, après un règne de 20 ans. Sa femme fut adorée par les habitans de Lemnos et de Smyrne, sous le nom de Vénus-Stratonice.

III. — Antiochus II, auquel les Milésiens, qu'il avait délivrés, donnèrent le titre de *Théos (Dieu)*, voulut soumettre Byzance : un secours de 40 galères envoyées par les habitans d'Héraclée, le força de renoncer à son projet. — Il reprit les hostilités commencées par son père contre l'Égypte; mais cette guerre se termina par un traité de paix, cimenté par l'union de Bérénice, fille de Philadelphe, avec le roi de Syrie, en 250. — Laodice, qui avait été sacrifiée à la politique, reprit toute son influence sur le cœur de son époux : pour prévenir le retour de son inconstance, elle le fit empoisonner après avoir fait couronner Séleucus, son fils, en 247. Sous ce règne commença le démembrement de l'empire des Séleucides. Deux princes, Arsace et Tiridate, prirent les armes et fondèrent le royaume des Parthes ou Arsacides.

IV. — Laodice avait facilement obtenu de son fils Séleucus II, un arrêt de mort contre Bérénice et ses enfans. Ptolémée III Évergètes prit les armes pour venger sa sœur. C'en était fait des Séleucides, sans les troubles qui éclatèrent en Égypte, et forcèrent Ptolémée à rentrer dans ses états. — Dans ce même moment, Tiridate consolidait son nouvel empire par des victoires ; Antiochus Hiérax se révoltait contre son frère et se déclarait roi dans son gouvernement de l'Asie-Mineure ; Eumène, dynaste de Pergame, ajoutait aux embarras du monarque syrien, par ses mouvemens hostiles. Séleucus, selon quelques historiens, mourut au milieu de ces circonstances, dans ses états ; selon d'autres, battu par les Parthes, il termina ses jours dans la captivité (1).

V. — Antiochus-le-Grand, après avoir comprimé les révoltes de quelques gouverneurs, devint l'allié d'Annibal et l'ennemi des Romains. L'Inde fut de nouveau soumise à la puissance syrienne. — Antiochus attaqua inutilement l'Égypte. Appelé par les Éoliens en Grèce, et excité par l'exilé de Carthage, il passa la mer, débarqua en Eubée, mais éprouva une défaite sanglante aux Thermopyles. 190. — Battu l'année suivante auprès de Magnésie, par L. C. Scipion, il obtint la paix aux conditions les plus humiliantes ; accablé par les impôts qu'il devait payer, il pilla le temple de Bélus. Irrités de ce sacrilége, ses sujets l'assassinèrent à la 37e année de son règne, en 186.

VI. — Les Romains vont maintenant intervenir dans les affaires de la Syrie. — Séleucus IV ne peut protéger Pharnace contre Eumène, roi de Pergame ; la république s'y oppose. Lorsque, après sa persécution contre les Juifs, Séleucus meurt assassiné par Héliodore, son ministre ; Antiochus Épiphane qui lui succède, est arrêté dans sa marche par Popilius. Le roi syrien se venge sur les Juifs de cette humiliation. La persécution fait prendre les armes aux Machabées ; ils luttent avec avantage contre leur tyran, qui meurt à Tabès, en Babylonie. Son fils

---

(1) Athénée et Justin émettent cette dernière opinion.

Antiochus Eupator, que Rome tient en ôtage, vient gouverner la Syrie. L'empire des Séleucides s'écroule sous le règne éphémère de cet enfant (il n'avait que 5 ans.) Démétrius Ier le fait assassiner et s'empare du sceptre qu'il confie à d'indignes ministres, pour se plonger dans la débauche. Un jeune rhodien, nommé Bala, se fait passer pour le fils d'Épiphane, prend les armes et détrône Démétrius. Soutenu d'abord par Ptolémée Philométor, roi d'Égypte, dont il a épousé la fille, il en est ensuite abandonné, et le fils de Démétrius Soter le force à se retirer chez les Arabes, où il périt. — Bientôt la guerre civile éclate en Syrie. Tryphon, ancien gouverneur d'Antioche, lève l'étendard de la révolte. La suite de l'histoire des descendans de Séleucus n'offre plus qu'un long enchaînement de guerres civiles et de querelles sanglantes de famille. Les Parthes agrandissent leurs états aux dépens des Syriens; Tyr, Sidon, Ptolémaïs, Gaza, la Judée se rendent indépendantes. Enfin, lorsque Tigrane, roi d'Arménie, qui avait reçu la soumission des Syriens, fut vaincu par Lucullus, la Syrie fut réduite en province romaine. 64.

---

(1) Tout le monde sait que jamais on n'a porté plus loin que cet illustre romain le goût du luxe et de la magnificence. Il avait rassemblé, dans sa belle maison de Tusculum, un nombre prodigieux de statues et de tableaux précieux. Sa bibliothèque était ouverte en tout temps aux curieux. Cicéron, dans ses *Tusculanes*, fait l'éloge de cette belle retraite où le vainqueur de Mithridate réunissait ses amis, après que les intrigues de César et de Pompée l'eurent éloigné des affaires. — Versé dans la connaissance des lettres, il avait écrit en grec une *Histoire des guerres des Marses contre la république romaine* : Sylla lui confia la rédaction des *Mémoires* de sa vie. Il mourut à l'âge de 68 ans. — Plutarque a placé Lucullus au rang des hommes illustres dont il a écrit la vie. — On peut consulter l'ouvrage de l'abbé de St-Réal, sur Lucullus, et les *Mélanges critiques* de d'Orbessan. (*Biographie universelle*, édition Michaud, t. XXV, p. 381.)

VINGT-QUATRIÈME QUESTION.

Histoire des états secondaires formés, en Asie, des débris de l'empire des Perses et de l'empire Macédonien. — Ils passent successivement sous la domination romaine (225-17). Les Parthes conservent néanmoins leur indépendance (1).

—

QUESTIONNAIRE.

I. Quels états secondaires furent formés en Asie? — II. Quelle fut l'origine du royaume de Pergame? — Quel en fut le premier maître? — Révolte de Philétère; puissance qui lui succéda. — Victoire sur le roi de Syrie. — Attale Ier; il s'allie avec les Romains. — Eumène II, son voyage en Italie; sa lutte avec Prusias. — Qui lui succéda? — Attale II: ses succès; sa mort. — Attale III; sa mollesse, son legs en faveur des Romains. — Révolte d'Aristonic; sa mort. — IV, Rois de Bithynie. — Incertitudes historiques. — Bas, Zypèthes. — Nicomède Ier; rivalité de ses fils. — Prusias. — Nicomède II; Nicomède III: il lègue ses états aux Romains. — V, Premiers rois de Pont. — Mithridate II, il embrasse le parti d'Antigone; sa mort. — Agrandissemens successifs. — Mithridate VI; alliance avec Rome. — Mithridate VII; sa jeunesse; ses premières guerres; lutte avec Rome. — Quatre généraux romains. — Victoire de Pompée. — Projets du roi; sa mort à Panticapée. — VI. Qu'était l'Arménie? — Néoptolème, Séleucus. — Comment ce pays devint-il indépendant? — Tigrane; son alliance avec Mithridate, il est vaincu par Lucullas; mort de son fils Artavarde. — L'Arménie sous la domination de Rome ou des Parthes. — VII. A qui appartenait la Cappadoce, en 321? — Lutte d'Ariarathe II. — Comment la Cappadoce redevint-elle la propriété des anciens rois? — Alliance avec les Romains. — Quelle fut l'issue de la guerre avec Mithridate? — Quelle fut la conduite du sénat envers Laodice. — Députation à Rome. — Rois. — Ariobarzane II; Archélaus. — VIII. Comment se forma le royaume des Parthes? — Peut-on déterminer ses limites? — Quels furent les premiers rois? — Quels furent les successeurs d'Arsace II? — Mithridate II, dit le Grand. — Lutte avec Rome. — Mort de César. — Antoine traite de la paix avec Octave.

—

I. — Le vaste empire de Séleucus s'étendait, en Asie, depuis la mer Égée jusqu'à l'Indus. Partagé en 72 satrapies, tombé entre des mains trop faibles pour les gouverner et contenir les commandans des provinces, il dut bientôt se diviser. La révolte de

———

(1) Pour établir les faits historiques de cette période, j'ai présenté l'histoire de ces royaumes d'après les dates de leur réunion à la république romaine, assignant le dernier rang aux Parthes, qui restèrent indépendans, et aux Bactriens, qui passèrent sous le joug des Arsacides, en 141 avant J.-C.

plusieurs gouverneurs rendit aux peuples leur indépendance politique; et ses nouveaux rois, reconnus par leurs anciens maîtres, devinrent assez puissans pour lutter contre Rome elle-même. Les Arméniens, les Parthes, le Pont, la Cappadoce, le royaume de Pergame s'élevèrent rapidement et survécurent à la dynastie des Séleucides, ces puissans héritiers d'Alexandre, en Asie.

II. — Pergame (1), une des villes les plus considérables de l'Asie-Mineure, fut en partie redevable de sa grandeur à Lysimaque, qui s'en rendit maître après la bataille d'Ipsus; il en confia le commandement à Philétère, qui, en 283, soutenu par Séleucus, se révolta contre son bienfaiteur, et se rendit souverain dans son gouvernement, qu'il administra pendant 20 ans. — Eumène Ier, son neveu, monta sur le trône en 263. Le roi de Syrie, effrayé de cette nouvelle dynastie qui se formait au milieu de ses états et les menaçait, prit les armes et s'avança jusqu'à Sardes; mais il fut vaincu par Eumène, qui, en 241, laissa le trône à son cousin Attale Ier.

III. — Allié des Romains, le roi de Pergame les aida dans la guerre contre Philippe, en battant les Rhodiens : son règne de 43 ans a mérité les éloges de tous les historiens de l'antiquité. Eumène II, son fils, suivit l'exemple qu'il lui avait donné. Fidèle aux Romains, il seconda Flaminius dans la guerre contre Nabis et Antiochus. Dans un premier voyage qu'il fit à Rome, il reçut l'accueil le plus flatteur. — Menacé un instant par Prusias, roi de Bithynie, chez lequel s'était réfugié Annibal, il reprit ses avantages, quand la lâcheté de Prusias et la haine des Romains eurent forcé le vainqueur de Cannes à s'empoisonner. En 172, il se rendit une seconde fois auprès du sénat romain, pour l'avertir des

(1) Pergame, *Pergamus (Bergamo)*, près du Caïcus (*Girmasti*), capitale du royaume du même nom, légué aux Romains par Attale, son dernier roi. Ce pays était situé dans la Grande-Mysie, province de l'ouest de l'Asie-Mineure. (Ansart, p. 106.)

projets de Persée, de Macédoine. Mais, à la fin de sa carrière, voyant avec inquiétude tomber toutes les puissances qui pouvaient garantir son indépendance, il se rapprocha de Persée. Cette conduite le rendit suspect aux Romains. Il mourut après 40 ans de règne, en 157. — Les vœux de la nation et le testament d'Eumène appelèrent au trône Attale II, qui signala son avènement par la conquête de la Cappadoce. — Prusias, aussitôt, envahit le territoire de Pergame, assiégea la capitale, malgré l'intervention des commissaires romains; mais il fut obligé de lever le siége de la ville. Fort de l'appui de Rome, Attale fit révolter Nicomède, fils de Prusias, contre son père, et lui fournit les moyens de soumettre la Bithynie. Après la catastrophe de Prusias, il aida Mummius dans la prise de Corinthe, dernier boulevard de la liberté grecque. Son neveu, Attale III, impatient de régner, le fit empoisonner. Nicomède essaya inutilement de venger Attale. Repoussé avec perte, il aurait peut-être perdu ses états, sans la médiation romaine. Dans les derniers jours de sa vie, Attale se voyant sans postérité, légua son empire aux Romains. Un fils naturel d'Eumène, Aristonic, réclama l'héritage les armes à la main; d'abord, vainqueur du consul Licinius Crassus, il fut défait par Manlius Aquilius, dont il orna le triomphe. Sa mort (il fut étranglé) amena, en 129, la réunion de Pergame, au territoire de la république (1).

IV. — Quarante-neuf rois ont passé sur le trône de la Bithynie (2), jusqu'à sa réduction en province

____

(1) Polybe, liv. XVIII, ch. 24. — Tite-Live, liv XXXIII, § 21. — L'abbé Sévin : *Mémoires sur les rois de Pergame*, t. XIIᵉ de l'Académie des Inscriptions. — Caix et Poirson, p. 179 et suiv. — *Géogr.* de Strabon, liv. XII, ch. iii, § 8.

(2) Bithynie (*Anatolie*), à l'est du Bosphore de Thrace, de la Propontide et de la Mysie. — Villes principales : Chalcédon (*Cadikuci*), appelée par dérision *ville des aveugles*; Nicomédie (*Smid* ou *Is-Nikmid*); Nicæa (*Isnik* ou *Nicée*), célèbre par le concile tenu en 325 après J.-C., par Constantin; Prusa (*Brousse*), capitale des Turcs depuis 1327 jusqu'à la prise de Constantinople, par Mahomet II, en 1453. (Ansart, p. 109.)

romaine. Bas la gouvernait quand Alexandre vint en Asie; il se maintint contre le vainqueur et laissa la couronne à son fils Zypèthes, qui s'affermit dans la possession de son royaume, à la faveur des guerres des généraux d'Alexandre. Nicomède Ier, l'aîné de ses fils, lui succéda et fit massacrer tous ses frères, à l'exception d'un seul, nommé Ziboas, qui prit les armes contre lui. Nicomède appela les Gaulois à son secours et leur donna la Galatie (1). Il mourut après avoir fondé Nicomédie; ses enfans se disputèrent le pouvoir. Prusias, fils de Ziclas, fut couronné par les chefs gaulois. Une lutte sanglante s'engagea entre ce prince et Eumène; les Romains intervinrent; détrôné et assassiné par son fils Nicomède II, il mourut en 148. Mithridate attaqua le nouveau monarque, qui ne dut la conservation de ses états qu'aux Romains. Aussi, son fils Nicomède III, après avoir été tour à tour l'allié et l'ennemi de Mithridate, légua-t-il son royaume à la république, en 75 (2).

V. — Les rois de Pont (3) se prétendaient alliés des rois de Perse et descendans de Darius Hystaspes. Selon Hérodote, le premier souverain de ce pays se trouva à Salamine, en 480; quatre princes lui succédèrent jusqu'en 302. Mithridate II, qui régnait alors, devint l'allié d'Antigone, qui, suspectant sa

---

(1) Galatie (*Anatolie et Caramanie*), au sud de la Bithynie. — Villes principales : Pessinonte (*Notikan*); Gordium, ou Alexandre coupa le nœud gordien; Amorium, patrie d'Ésope; Ancyra (*Angouri*), capitale des Testosages : saint Paul y prêcha la loi de J.-C.; Gangra (*Kiangari*), séjour du roi Déjotarus, défendu par Cicéron. (Ansart, p. 114.)

(2) Voir les *Mémoires* de l'abbé Sévin, t. XII, XV, XVI de l'Académie des Inscriptions.

(3) Le Pont (*pays de Roum*) tire son nom du Pont-Euxin; il est arrosé par le Thermodon, où habitaient les Amazones. — Villes principales : Amisus (*Samsoun*); Zéla (*Zeleh*) : César y vainquit Pharnace, et Mithridate les Romains; Trapésus (*Trébizonde*), capitale d'un royaume chrétien au moyen-âge : Amasia (*Amasie*), patrie du géographe Strabon; Comana, Pontica (*Tokat*) : Cotyora (*Boujouk-Kaleh*) : les *Dix mille* s'y embarquèrent; Cérasonte, *Cerasus* (*Kirisonto*) : Lucullus en rapporta le cerisier en Europe. (Ansart, p. 112 et suiv.)

fidélité, le fit mourir. Ses héritiers, Mithridate III et Mithridate IV, augmentèrent leurs états et résistèrent aux Gaulois, qui ne purent s'emparer d'Héraclée. Mithridate V, après une guerre contre Pharnace II, donna le sceptre à son fils, qui, le premier des rois de Pont, porta le titre d'allié des Romains ; il fut le père du dernier des Mithridate, ce terrible ennemi de la république. Né en 135 avant J.-C., ce prince fut couronné en 123. Sa jeunesse fut employée dans des exercices violens qui fortifièrent son corps : la fermeté de son âme répondait à ses forces physiques. Jaloux de son autorité, il sacrifia successivement tous les membres de sa famille qu'il pouvait redouter. Sa haine contre Rome l'a fait regarder comme un second Annibal. Il commença par attaquer les rois alliés de la république ; et, après avoir vaincu les généraux romains qui les protégeaient, il ordonna le massacre de 80,000 Romains en Asie : il fut obéi. — Sylla, Muréna, Lucullus et Pompée vinrent le combattre ; la guerre dura 13 ans : Mithridate fut presque toujours malheureux. Sylla lui enleva la Grèce ; Muréna eût passé inaperçu, sans les éloges de Cicéron ; Lucullus le chassa de son royaume et le contraignit de chercher un refuge en Arménie. Pompée ne passa en Asie, que pour accabler un ennemi vaincu et recueillir le fruit des travaux de Lucullus. — Trahi par son fils Pharnace, Mithridate se donna la mort à Panticapée, au moment où il songeait à aller attaquer l'Italie (1). Le Pont fut réduit en province romaine, et Pharnace reçut, pour prix de sa trahison, le titre de roi du Bosphore cimmérien, en 65 avant J.-C.

VI. — Toujours tributaire des grands peuples qui dominèrent en Asie, l'Arménie échut en partage, en 301, à Néoptolème, un des généraux d'Alexandre, qui périt dans une bataille contre Eumène. Maître de la Cappadoce, Séleucus s'en empara et imposa

---

(1) Voir *Mithridate*, tragédie de Racine, acte III, scène 1re :

Approchez, mes enfans ; enfin, l'heure est venue..... etc

aux Arméniens un gouverneur qui resta soumis aux Séleucides jusqu'au règne d'Antiochus-le-Grand. Après la défaite de ce prince par les Romains, en 189, Artaxias, qui administrait ce pays, se rendit indépendant, et ses héritiers conservèrent le trône qu'il avait usurpé. L'un d'eux, Tigrane, fier de quelques succès, s'allia à Mithridate contre les Romains : Lucullus le vainquit et lui accorda sa grâce. Son fils Artavarde fut livré à Cléopâtre par Antoine, et la reine d'Égypte le fit périr pour donner l'Arménie à son fils, en 35. Depuis cette époque, toujours tributaires des Parthes ou des Romains, les rois de cette contrée ne régnaient que sous la tutelle de l'un ou l'autre de ces peuples.

VII. — Soumise aux lois d'Alexandre, la Cappadoce (1) devint le partage d'Eumène, qui, soutenu par Perdiccas, l'enleva à son roi légitime, Ariarathe II, auquel Alexandre l'avait laissée. Mais, à la mort de Perdiccas et d'Eumène, Ariarathe III reprit son héritage, et, pendant un siècle, ses descendans le gardèrent sans événemens importans. Les Cappadociens devinrent alliés de Rome. Mithridate les attaqua; et, dans une entrevue avec Ariarathe VIII, il poignarda ce prince et acheva la conquête du pays. Laodice, veuve du roi, se rendit à Rome et réclama l'appui du sénat pour un fils qu'elle prétendait avoir de son époux. Les Romains permirent aux habitans de se gouverner selon leur volonté quand Mithridate fut vaincu, et les Cappadociens choisirent pour roi Ariobarzane II, qui suivit la fortune de César et reçut de lui quelques provinces; mais, après la mort du dictateur, Brutus et Cassius le firent périr. Trois rois lui succédèrent; et, sous le dernier d'entre eux, nommé Archélaüs, la Cappadoce devint province romaine, 17 ans avant Jésus-Christ.

---

(1) La Cappadoce (*pays de Roum*), au sud de la Galatie et du Pont, renfermait la Petite-Arménie et la Catanie : on y trouvait le mont Argée (*Argcus mons*).

VIII. — La Parthie (1), soumise par Alexandre, échue à Séleucus Nicator, se détacha de l'empire des Séleucides, en 255, sous Antiochus Théos. Arsace et Tiridate, issus des anciens rois de Perse, se déclarèrent indépendans. Après la mort d'Arsace, Tiridate, qui prit le nom d'Arsace II, se maintint à l'aide des querelles intérieures qui agitaient la Syrie. Une victoire qu'il remporta sur Séleucus II, eut des résultats immenses pour le nouveau royaume. — Artaban, héritier d'Arsace II, contraignit, après une guerre de 5 ans, Antiochus-le-Grand à le reconnaître. Arsace IV occupa le trône pendant 15 années, et le transmit à Phraate, père de Mithridate Ier : ce prince rendit la Médie et la Bactriane tributaires, poussa ses conquêtes jusqu'au golfe Persique, et s'unit à Démétrius Nicator, après l'avoir vaincu. Phraate II, plus ambitieux que son père, n'eut pas le même bonheur. Battu par Antiochus Sidète, en 127, il appela les Scythes à son secours; et ceux-ci le massacrèrent, quand il refusa d'exécuter les promesses qu'il leur avait faites. Artaban, son frère, fut aussi la victime de ces peuples, après un règne de 3 ans. A partir du règne de Mithridate II, de 124 à 90, le royaume s'affaiblit par des dissensions intestines et les guerres des rois d'Arménie; Phraate III eut la prudence de rester neutre au milieu de sanglans débats élevés entre les Romains et les principaux états de l'Asie. La mort du roi de Pont, la ruine des Séleucides assurèrent l'existence des Parthes. Mais Rome devint leur voisine. Gabinius se porta sur l'Euphrate, mais fut détourné de sa course par un ordre du sé-

_____

(1) Parthénie (pays des Parthes proprement dits), portion de l'Hyrcanie (*Mazandéran*), comprenait Nisæa ou Parthaunisa (*Nisa*), près de l'Ochus, capitale des Parthes et sépulture des rois; la Margiane (*partie du Khorassan*), avait pour villes principales, Antioche, *Antiochia ad Margum* (*Merv-Shahigian*), fondée par Alexandre et augmentée par Antiochus Soter; l'Astabene, à l'est de la mer Caspienne, où se trouvait Azaac (*Achor*), première capitale de l'empire des Parthes, fondée par Arsace, 250 ans avant J.-C. (Ansart, p. 156 et suiv.

nat, qui lui prescrit d'aller rétablir Ptolémée Aulètes sur le trône d'Égypte. Attaqués, en 53, par Crassus, le général romain périt avec 20,000 hommes dans les plaines de la Mésopotamie. César fut assassiné au moment où il se préparait à venger la défaite de Crassus. Antoine dut battre en retraite devant leur cavalerie ; et quand, après Actium, l'empire fut entre les mains d'Octave, les Parthes demandèrent une paix qui assurât leur indépendance : ils l'obtinrent en rendant les aigles romaines enlevées à Crassus et à Antoine.— 22 ans avant J.-C.

VINGT-CINQUIÈME QUESTION.

Histoire des Juifs, depuis la fin de la captivité de Babylone, jusqu'à l'extinction de la famille des Machabées et l'avènement d'Hérode. (536 - 40.)

QUESTIONNAIRE.

I. Combien de Juifs regagnèrent-ils leur patrie? Quel malheur les menaça-t-il ? — Esther ; Mardochée ; Aman. — Quand le nouveau temple fut-il achevé? — II. Alexandre dans Jérusalem. — Jaddus. — Quelle faveur le conquérant accorda-t-il aux Juifs? — Mécontentement des Samaritains ; leur révolte. — Quelle vengeance en tira Alexandre? — III. Quel fut le sort des Juifs après la mort d'Alexandre? — Leur persécution sous Philopator. — Antiochus le-Grand les soumet. — IV. De quels malheurs fut cause le juif Simon? — Héliodore; sa punition miraculeuse. — Antiochus Épiphane. — Vénalité des charges en Judée. — Persécutions. — Mathathias prend les armes. — V. Quel fut le successeur de Mathathias? — Qui succède à Judas? — Que font les Juifs pour Simon? — Hyrcan ; Aristobule II ; Hérode.

I. — Lorsque la victoire eut couronné les efforts de Cyrus et que Babylone fut soumise, le prophète Daniel obtint du jeune vainqueur la liberté de ses frères : 40,000 Hébreux quittèrent la Babylonie, et, sous la conduite de Jésus (fils de Josedec) et de Zorobabel, se transportèrent à Jérusalem. A la deuxième année de leur retour, ils jetèrent les fondemens d'un nouveau temple, dont la construction resta suspendue pendant 16 ans, par la jalousie des Samaritains.

Darius, fils d'Hystaspes, les soutint dans leur entreprise. — Cependant, le peuple de Dieu avait de nombreux ennemis. L'amalécite Aman, irrité contre Mardochée, avait surpris au roi Darius un arrêt de mort contre les Hébreux; la jeune Esther, nièce de Mardochée, épouse du monarque, fit révoquer cet ordre sanguinaire et punir ses ennemis. Une fête solennelle consacra le triomphe des Juifs; et, en 516, on fit la dédicace du nouveau temple. Esdras et Néhémie s'occupèrent de rendre à la ville son ancienne splendeur. En 397, Jonathan et Jéhu se disputèrent la charge de grand-prêtre, première dignité depuis l'abolition de la royauté : le premier en resta maître par l'assassinat de son rival.

II. — Sous le pontificat de Jaddus (1), Alexandre de Macédoine, maître d'une partie de la Perse et des côtes de la Phénicie, pénètre dans la Palestine. Joséphe raconte ses entretiens avec Jaddus, qui lui explique les prophéties qui annoncent la ruine des Perses. Le conquérant exempte les Hébreux de tout impôt pendant l'année sabbatique. Les Samaritains, mécontens de ne pas avoir obtenu le même avantage, massacrent Andromaque, leur gouverneur. Alexandre, à son retour d'Égypte, chasse les habitans de Samarie, et les remplace par une colonie macédonienne : Sichem reçut les exilés en 330. La Judée, soumise aux Macédoniens, fut administrée par le gouverneur d'Égypte et de Phénicie.

III. — Après la mort d'Alexandre, un de ses lieutenans nommé Laomédon, reçut la Judée; mais, après deux ans, Ptolémée Soter la réunit à l'Égypte, en 320. Jérusalem résista vigoureusement; Ptolémée en triompha en faisant donner l'assaut le jour du sabbat : il les traita avec douceur.—Après la bataille d'Ipsus. Séleucus Nicator devint maître de la Judée; mais, à sa mort, elle devint la propriété des Lagides, jusqu'au règne d'Antiochus-le-Grand. 203. — Ptolémée Philadelphe, un des premiers, fit faire la

---

(1) Joséphe, *Histoire des Juifs*, liv. 11, ch. 8.

traduction des *Septante*, déclarée canonique par l'Église. Mais les Juifs, abandonnés par Dieu, oublièrent la loi de Moïse; on vit, chez eux, se former des sectes différentes (1). — Antiochus-le-Grand attaqua la Judée, qu'il voulait enlever aux Lagides; mais, vaincu à Raphia, il dut renoncer à ce projet. Philopator vint à Jérusalem et irrita les Juifs en pénétrant dans le sanctuaire malgré le grand-pontife. Furieux de la résistance qu'il avait éprouvée, il persécuta les Hébreux, qui, à sa mort, passèrent sous la domination des Séleucides.

IV. — L'ambition d'un Juif, nommé Simon, troubla la tranquillité dont jouissaient les Hébreux sous Séleucus Philopator. Ce prince, excité par Simon, ennemi du grand-prêtre Onias, envoya Héliodore, son ministre, pour ravir les trésors du temple. Les prières du peuple, les remontrances du pontife ne purent arrêter l'avide ministre de Séleucus; il pénétra dans le sanctuaire et y tomba frappé par une main divine. — En 170, sous Antiochus Épiphane, la vénalité de la charge de grand-pontife amena de grands troubles en Judée. Lorsque Antiochus apprit la joie qu'avait excitée la nouvelle de sa mort, il marcha contre Jérusalem : 40,000 hommes furent égorgés, les objets sacrés du temple enlevés, et le culte de Moïse proscrit à jamais; des peines sévères prononcées contre les fidèles amenèrent la révolte de Mathathias, qui prit les armes contre le roi de Syrie, et légua à ses fils, les Machabées, le soin d'achever son ouvrage.

V. — Judas, le troisième des Machabées, parcourt le pays à la tête de la petite armée levée par son père, bat les lieutenans d'Antiochus et se rend maître de la montagne de Sion. Il fait une nouvelle dédicace du temple; une alliance conclue avec Rome semble devoir assurer la tranquillité des Juifs,

(1) Pharisiens, Saducéens, Esséens ou Esséniens. Le paradis de ces derniers était le même que, 8 siècles plus tard, Mahomet devait annoncer à ses prosélytes.

lorsque, dans une rencontre avec les Syriens, Judas fut frappé d'un coup mortel. —Ses frères, Jonathas et Simon, soutiennent l'honneur de la famille ; ce dernier agrandit Joppé ; les Juifs, reconnaissans, rendent héréditaires, dans sa famille, la double autorité religieuse et militaire qu'il exerce (1).—Jean Hyrcan gouverne pendant 29 ans, après l'assassinat de Simon, son père, par Ptolémée, gouverneur de Jéricho. Tout semble réussir à ce prince ; cependant, la préférence accordée aux Saducéens sur les Pharisiens devient la source d'une lutte funeste entre les deux sectes. —Aristobule, l'aîné de ses fils, se déclare roi, et, dans l'espace d'une année, fait périr sa mère et ses trois frères. Alexandre Jannée, règne 27 ans, et rend à la Judée son ancien territoire : mais les Pharisiens insultent à ses triomphes, il en fait périr 6,000. Vainqueur d'Obodas, roi des Arabes, il fait mettre en croix 800 captifs, pendant un festin somptueux qu'il donne pour célébrer sa victoire. En 79, sa veuve Alexandra administre les affaires du royaume, et cède la couronne à Hyrcan, en 70. —Ce prince, après trois ans de règne, est vaincu à Jéricho par Aristobule II, et lui cède le trône ; mais ses partisans prennent les armes ; Aristobule, défait à son tour, implore le secours de Pompée, devenu l'arbitre de l'Asie, depuis la mort de Mithridate. 65. — Le général romain prend le parti d'Hyrcan, jette Aristobule dans les fers et envoie sa famille captive à Rome ; Hyrcan paie ce secours au prix des trésors du temple et d'une partie de son territoire. — Un des fils d'Aristobule, échappé à l'esclavage, revendique vainement les droits de son père. Hyrcan, soutenu par les Romains pendant la guerre entre Pompée et César, conserve la couronne ; mais de nouveaux troubles la lui enlèvent et la font passer sur la tête d'Hérode, nommé roi des Juifs par la protection d'Antoine et d'Octave. 40.

---

(1) Voir Prideaux, *Histoire des Juifs*, liv. XII.—Caix et Poirson; p. 505-507.

La 2ᵉ série, au 15 novembre prochain.

www.ingramcontent.com/pod-product-compliance
Lightning Source LLC
LaVergne TN
LVHW021845170726
843503LV00003B/1082